ポットブックス

ハッピー運動会
楽しさいっぱい
種目集

チャイルド本社

もくじ

5歳児の種目

4歳児の種目

3歳児の種目

2歳児の種目

1歳児の種目

未就園児の種目

役立つ7つのPOINT

本書では85種類の運動会種目を、年齢ごとに4つのカテゴリーに分けて紹介しています。
走って、投げて、力を合わせて、楽しみながら年齢ごとに成長を感じられる種目がいっぱいです。

POINT1

充実の85種目！

本書で紹介する種目は、全85種類。バラエティに富んだ種目を選んで、運動会全体を盛り上げましょう。

POINT2

年齢&カテゴリー別だから探しやすい！

5歳児～未就園児の対象年齢と、団体、個人、親子、異世代などのカテゴリーを目安に、競技を探しましょう。対象以外の種目からも、アレンジのヒントが得られます。

POINT3

準備する物が一目でわかる！

競技に必要な物を、チーム単位など使いやすい単位で紹介。園にない場合は、ある物で代用できます。

POINT4

少し変えるだけで新たな競技に！

参加人数や道具などにちょっとしたアレンジを加えることで、競技がまったく新しい物に生まれ変わったり、楽しめる範囲が広がったりします。

POINT5

競技の見どころを伝えられる！

子どもの成長が見られる注目のポイントを紹介。保護者にも見てほしいところを伝えられます。

POINT6

安全に配慮して楽しい運動会

準備の時や、運動会当日に注意すべき点も解説しています。安全に配慮することで、子どもたちが思いきり活躍できます。

POINT7

手作り小物で盛り上がりアップ

衣装や小物などの作り方も紹介。手作りの物を取り入れると特別感が出せます。子どもたちと作った場合は、実況アナウンスで伝えると観客も大喜び。

5歳児の種目

団体種目

個人種目

親子種目

異世代種目

団体種目

5 歳児

ビックリかぶをゲット！

大きなかぶを、「うんとこしょ！　どっこいしょ！」と声をかけ合いながら、みんなの力で引っこ抜く綱引きです。大きなかぶをゲットするのはどちらのチーム？

スタートの合図で、みんなで力いっぱい綱を引いて、真ん中の大きなかぶを引っ張ります。かぶを、先に自分たちのかごの中に入れたチームが勝ちです。大きなかぶを、みんなで力を合わせて引っ張り合うのが醍醐（だいご）味！

ポイント

- 声をかけ合い、力を合わせて引っ張りましょう！

CHECK!

真ん中の箱の高さは、かご用段ボール箱の半分くらいの高さに。

かぶの作り方

1

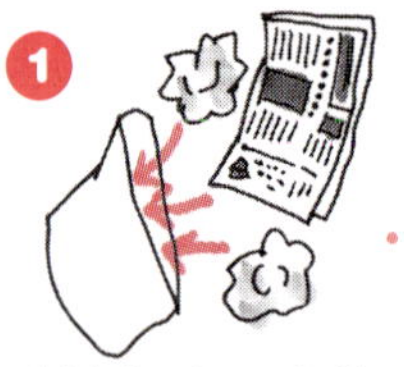

大きな白いカラーポリ袋に新聞紙を詰めます。小石や砂などのおもしを入れると安定します。

2

輪ゴムで口を絞ります。

3

緑の色画用紙で葉っぱを作って貼ります。

4

3を2つ作り、綱を挟んで両面テープで貼り合わせます。

準備する物

- 綱……………………………1本
- 段ボール箱………大3個
- かぶ………………………1組

案／松森照幸（エディーキッズ代表）　イラスト／タカタカヲリ

団体種目

5歳児

グラグラタワー玉入れ！

グラグラしている段ボール箱を目がけて玉を投げます。笛と音楽をよく聞いて、ストップのときは動いちゃダメ！　段ボール箱を倒さないように、注意しながら行いましょう。

1 全員両手に玉を持って、サークルの外側に立ち、スタートの合図を待ちます。子どもたちの周りにも玉を置いておきましょう。

ストップ
途中で段ボール箱が崩れたら、急いで積み上げます。保育者も手伝ってあげましょう。

2 笛とともに音楽を流して、玉入れスタート。少ししたら笛の合図で音楽も止めて、その場で全員ストップ！　再び、笛と音楽の合図でスタート。この「動く、止まる」を数回繰り返します。最後のストップの合図のあと、玉を置いてサークルの外側に出て、箱の中の玉の数を数えましょう。

準備する物

（1チームに必要な物）

- 段ボール箱……………大1個／小3個
- 玉入れの玉……人数×4～5個

ポイント

- 保育者は、タワーが倒れないように箱の中を狙って投げるよう促しましょう。
- 「動く、止まる」を繰り返すので、終了の笛のあとに玉を投げる、といったルール違反が避けられます。

案／松森照幸（エディーキッズ代表）　イラスト／タカタカヲリ

団体種目

5歳児

動物サイコロゲーム

サイコロを振って、出た目の動物の絵を完成させるリレーゲーム。なにが出るかは運任せ！運とスピードの競技です。

1 スタートの合図でサイコロゾーンまで走り、サイコロを振ります。

2 出た目の動物の所まで進み、段ボール箱を重ねて動物の絵を作ります。完成したらスタートに戻って、次の人にタッチ。アンカーが先にゴールしたチームの勝ちです。

ポイント

段ボール箱の側面には、文字やかわいい動物の絵を子どもたちといっしょに描くと楽しいです。

組み立て終わったあとは、「○○組、らいおんが完成しました～!」とアナウンスをしたり、保育者が声をかけてから、段ボール箱を崩して、次の子の準備をします。

出た目に書いてある名前を見て、すぐに各ゾーンへ移動するのがこつです。

準備する物

（1チームに必要な物）

- 段ボール箱…………10個

案／松森照幸（エディーキッズ代表）　イラスト／タカタカヲリ

団体種目

5歳児

ドーナツ争奪選手権!

大きなドーナツを奪い合うゲームです。どのドーナツを取りに行くかは自由。1人で無理だったら応援を呼びましょう。チームワークも試される競技です。

スタートの合図で、一斉にフィールドの真ん中にあるドーナツを取りに行きます。自分たちの陣地(白線)まで引っ張り込んだらOK。敵の陣地に入ったドーナツは奪えません。最後の1つは全員で力を合わせて、力と力の大勝負! 時間内に全てが陣地に入らなくても、取ったドーナツが多いチームの勝ちです。

ドーナツの作り方

1

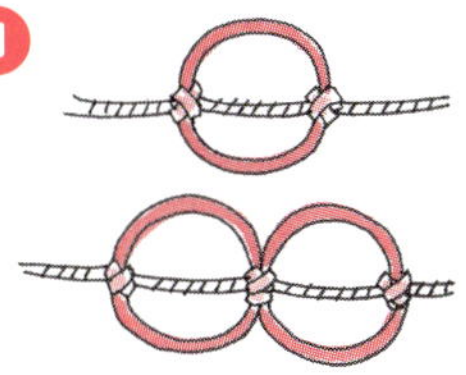

スズランテープでフープにロープを結び付けます。結び目の上からクラフトテープで固定すると、フープが壊れにくくなります。

2

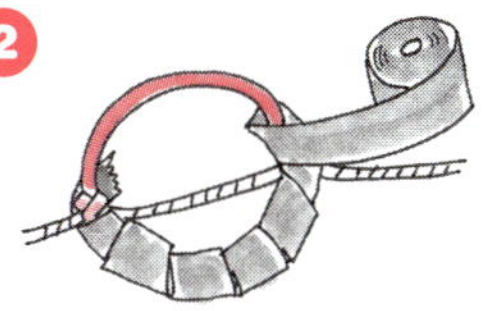

フープに茶色のロール紙などをなん重にも巻き付けて仕上げます。

※ドーナツを2個つなげるときは太めのロープを使えば握りやすく、手が擦れるのを防げます。

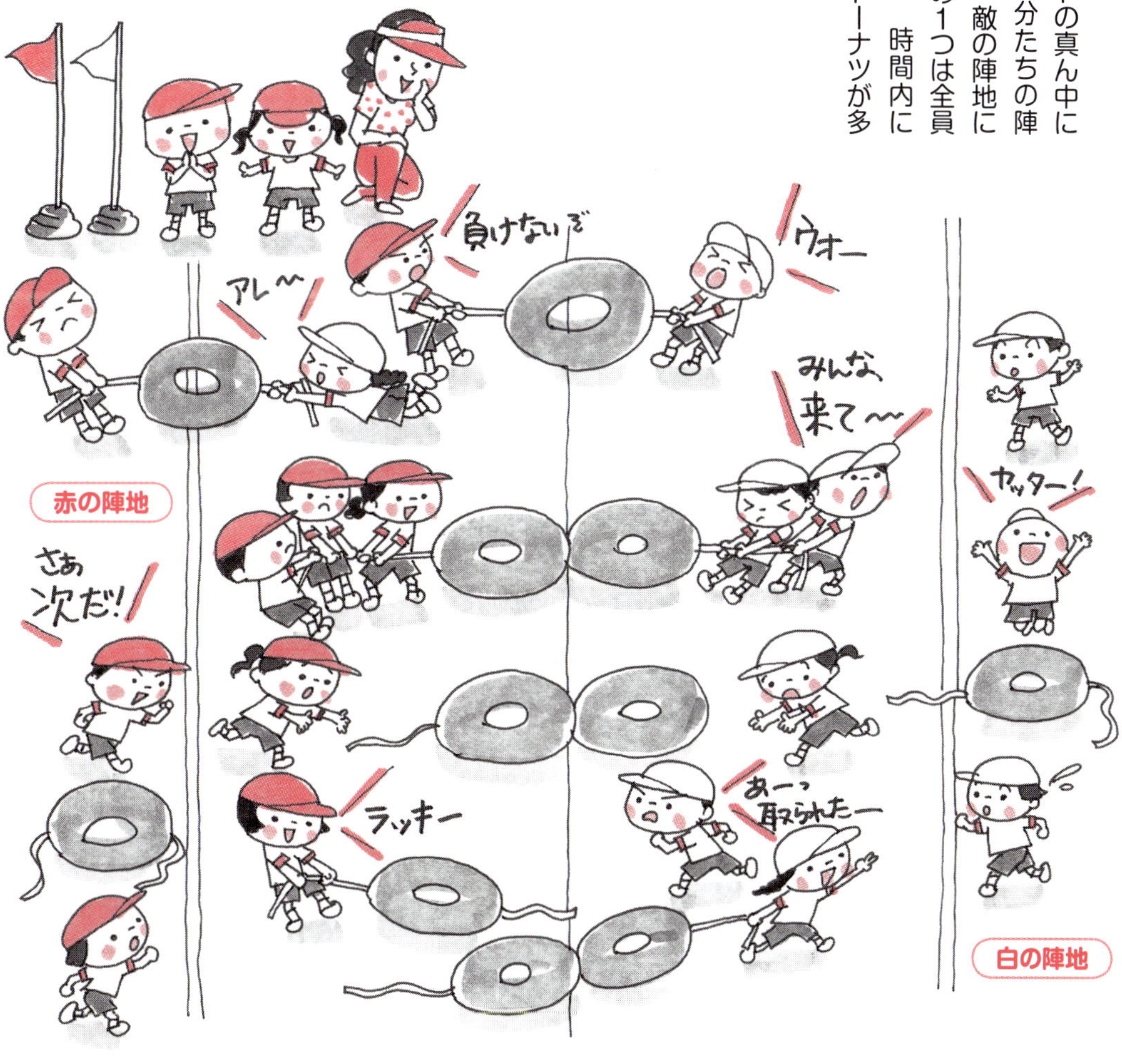

ポイント

- どのドーナツをなん人で取りに行くかが大切! 1人でダメなら2人がかりで力を合わせましょう。
- 子どもといっしょにドーナツに色をつけて、おいしそうなドーナツを作りましょう。

準備する物

- フープで作ったドーナツ …………………12個くらい

案/松森照幸(エディーキッズ代表)　イラスト/タカタカヲリ

団体種目

5歳児

フープでお助け参上！

2本のフープが子どもたちの乗り物になります。魔法のフープに乗って、ぬいぐるみを助けに出発！

1 スタートの合図で、走者はフープ2本を進む方向へ置き換えながら、フープ内を渡って、椅子の所まで行きます。

2 地面に置いてあるぬいぐるみを椅子の上に載せたら、行きと同じ動きで折り返し、次の走者にタッチして交代しましょう。

椅子を置き、そのそばにぬいぐるみを置いてコースを設定します。
保育者は次の走者のために、ぬいぐるみを地面に戻します。

ポイント

早く進もうとフープをあまりに前へ置きすぎると、フープとフープの間が空きすぎて渡れなくなり、かえって時間がかかってしまうこともあります。作戦展開を見守りながら、適切な声かけをしましょう。

準備する物

（1チームに必要な物）

- フープ……………………2本
- 椅子……………………1脚
  （または大型積み木1個）
- ぬいぐるみ…………1個

案／山本美聖（関西あそび工房）　イラスト／浅羽壮一郎

団体種目

5歳児 恐竜のたまご

大きな大きな「恐竜のたまご」。割れないように大事に運んで！

1 各コースに、3つの関門を設置し、その先に旗を立てます。子どもたちは2チームに分かれ、ペアになります。

卵の作り方

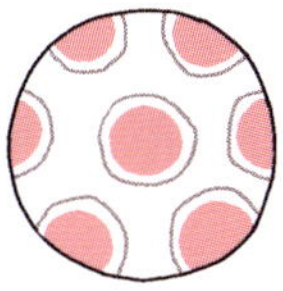

大玉に色画用紙を丸く切って貼り、透明のビニールをかぶせて幅広のセロハンテープで留めます。

コース設定

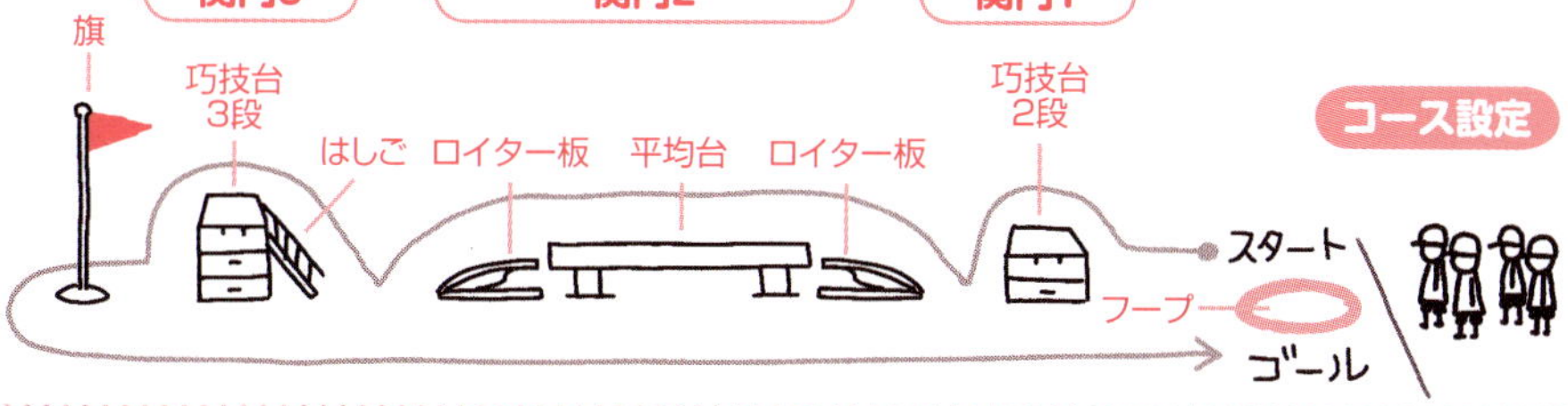

2 スタートの合図で、走者はフープの中にある、「恐竜のたまご」に見立てた大玉を転がして進み、3つの関門を突破していきます。旗を回って、Uターンしたら、スタート地点へ戻ります。

大きな卵です。
割れて恐竜が出てきたらたいへん！
優しくそっと転がしてね。

3 スタートラインのフープに卵を戻し、次の走者にタッチ。最後のペアが早くゴールしたチームの勝ちです。

ポイント

後ろから大玉を押すと、勢いあまって前のめりになってしまうことがあります。2人で横から挟むようにして転がしましょう。

準備する物

（1チームに必要な物）

- フープ……1本
- 巧技台……5段分
- 平均台……1台
- ロイター板……2台
- 旗……1本
- はしご……1台
- 恐竜のたまご…1個

案／福田りゅうぞう（カエルちゃんOFFICE）　イラスト／にしだちあき

個人種目

5歳児

変身パワーアップレース

ボールを蹴り、フープをくぐり、変身するなど、5つの障害を越えていきます。変身ゾーンでは、体操着からカラフルな衣装に着替えてパワーアップ！　変化を楽しめる競技です。

1 スタートの合図でタイヤからボールを取り、蹴りながら次のタイヤまで進み、タイヤの上にボールを置きます。

2 フープをくぐり抜けて、「変身ゾーン」に進みます。

3 「変身ゾーン」で体操着の上にカラフルシャツを着ます。

4 「跳び箱・マットゾーン」へ進み、跳び箱の上からジャンプして降り、マットの上で前回り。起き上がってゴールまで走ります。

カラフルシャツの作り方

カラーポリ袋（黄、ピンク、黄緑、青などのカラフルな色）を人数分用意する

頭と腕を出す部分を切り取る

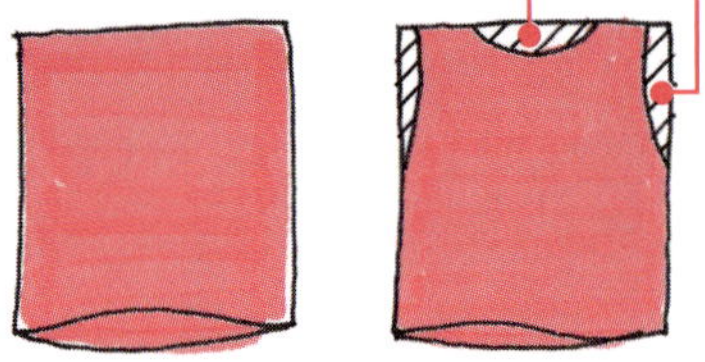

ポイント

- 1 でタイヤに置いたボールは、保育者が取り、すぐにスタート位置まで戻します。
- 3 のブルーシートには、スズランテープをのれん風に付けて、着替えの目隠しに。
- 4 「跳び箱・マットゾーン」では、保育者が昇り降りの補助や落下防止をします。
- 跳び箱の上からジャンプ＆マットでの前回りは競技にメリハリが出て迫力満点！

準備する物

（1コースに必要な物）

- タイヤ……2個
- ボール……1個
- カラフルシャツ…人数分
- ロイター板……1台
- 跳び箱……1台
- マット……1枚
- スズランテープで装飾したブルーシート…1枚
- フープ……コース数＋2本

案／松森照幸（エディーキッズ代表）　イラスト／タカタカヲリ

個人種目

5歳児

ばん馬※レース

ばん馬のようにタイヤにボールを入れて走る競技です。重たいタイヤを力いっぱい引っ張れ！

※ばん馬とは、北海道で行われる重い荷物を馬が引っ張る、力とスピードを競うレースのこと。

1 スタートの合図で、タイヤを引いてボールゾーンまで行きます。

2 タイヤの中にボールを2個入れたら、タイヤを引きながらカラーコーンの間をジグザグに走り、ゴールを目ざします。

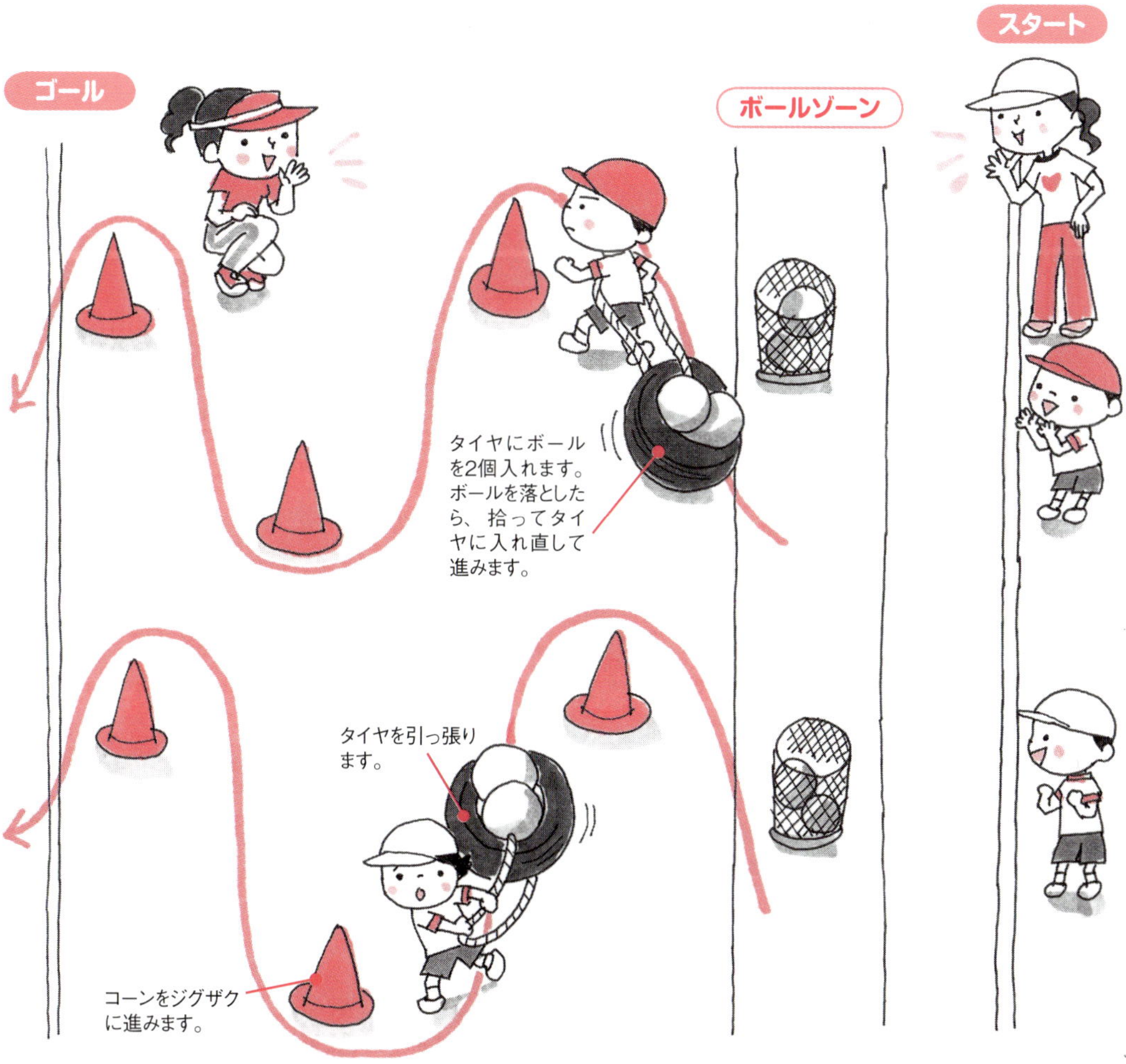
スタート
ボールゾーン
ゴール
タイヤにボールを2個入れます。ボールを落としたら、拾ってタイヤに入れ直して進みます。
タイヤを引っ張ります。
コーンをジグザグに進みます。

ポイント

- ボールを落とさないようにタイヤに入れて、しっかり引っ張りましょう。力とスピードの勝負です。

準備する物

（1コースに必要な物）

- タイヤ……1個
- ロープ……1本
- ボール……2個
- かご……1個
- カラーコーン……3個

※走る距離に合わせて用意します。

案／松森照幸（エディーキッズ代表）　イラスト／タカタカヲリ

個人種目

5歳児

潜って潜ってもぐら！

フープのトンネル、段ボール箱のトンネル、段ボール箱のキャタピラ。いろいろな物に潜って潜って進むゲームです。最後の難関はキャタピラ。まっすぐ進めるかな？

1 スタートの合図で、フープのトンネルを潜って抜けます。

2 段ボール箱のトンネルを潜って進みます。

3 最後は段ボール箱で作ったキャタピラで前に進み、そのままゴールを目ざします。

スタート
ゴール
1
2
3
段ボール箱を2個つなげて作ったキャタピラ。
長さ3mのロープにフープを5つ通して留めます。
段ボール箱を5個つなげて作ったトンネル。

ポイント

- 慎重に進むことが大事です。慌てると、まっすぐ進めません。
- 3の段ボール箱のキャタピラは前が見えないので、ゴールで保育者が受け止めるようにしましょう。

準備する物

（1コースに必要な物）

- フープ……5本
- ロープ……2本
- 段ボール箱のトンネル……1本
- 段ボール箱のキャタピラ……1個

案／松森照幸（エディーキッズ代表）　イラスト／タカタカヲリ

個人種目

5歳児

忍者に変身！ 川を跳び越えろ

忍者にふん装して、橋を渡ったり、火の輪をくぐったり、山や川を越えたりする5つのお楽しみゾーンがある障害物競走です。忍者をまねてさっそうと走り抜けましょう。

忍者の衣装を着てスタンバイ。スタートの合図で、①平均台を渡る「忍法一本橋渡り」、②火の輪に見立てたフープをくぐる「忍法火の輪くぐり」を抜けたら、③ほふく前進ではう「忍法水とんの術」で進みます。④跳び箱の山を登って跳び降りる「大山越え」、⑤スズランテープの川を跳び越える「大川ジャンプ」でゴールを目ざします。

忍者の衣装の作り方

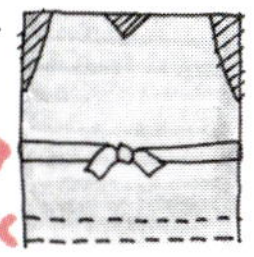

腕と頭を出す所を切り取ります。点線部分を切って腰に巻きます。

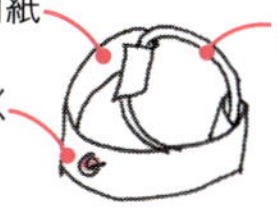

画用紙を切って、両端を折り込んで輪ゴムを挟みます。頭のサイズに調節してホッチキスで留めます。

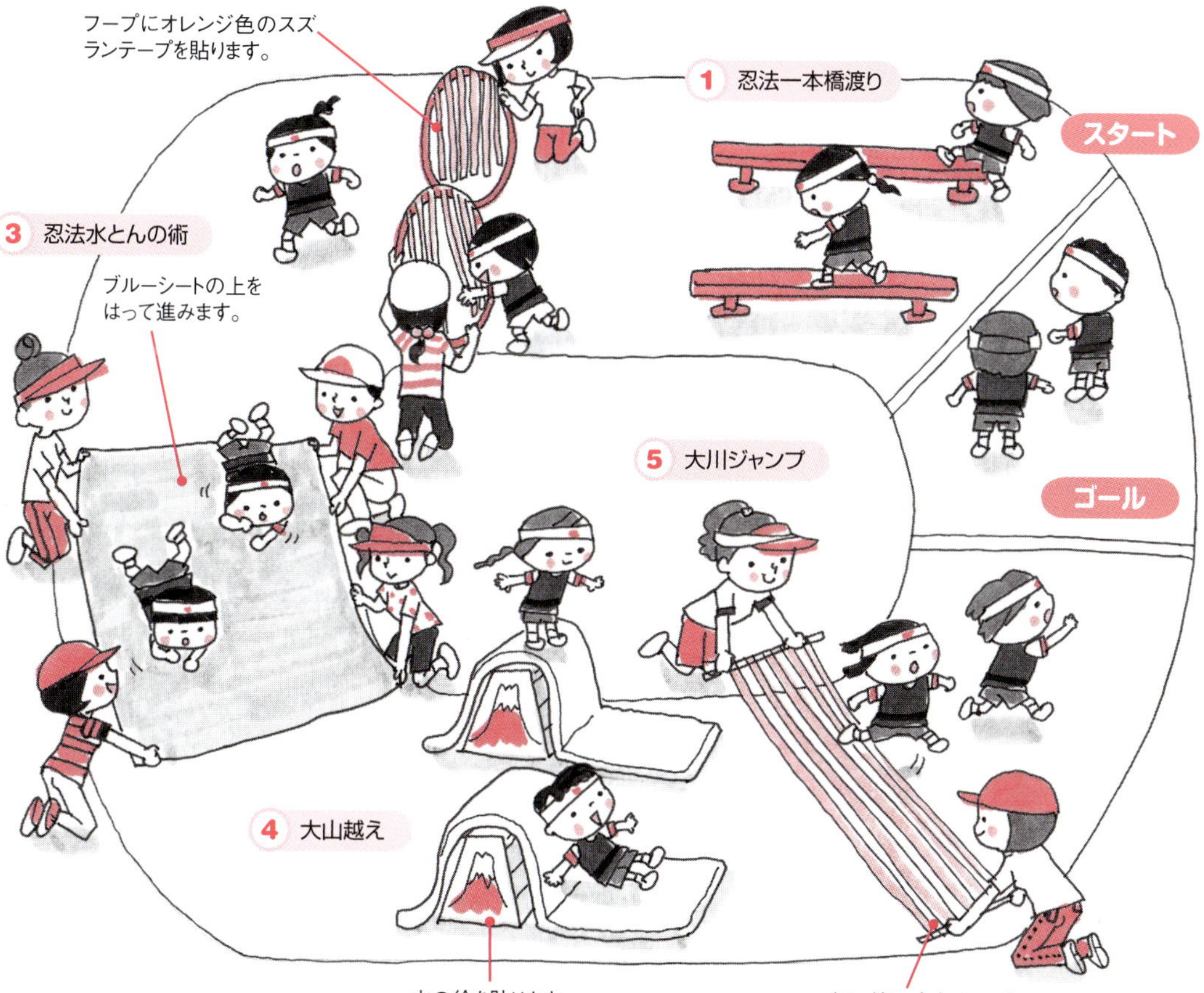

ポイント

- ①「忍法一本橋渡り」で、平均台1台を渡るのが難しい場合は、2台をくっつけて幅を広くしましょう。勢いがつくと落下の危険があるので、スタート直後に設定します。
- ④「大山越え」では、跳び箱にロングマット（または普通のマット2枚）をかぶせて降りやすくします。1枚は跳び箱の上にかけ、もう1枚は跳び箱の下に敷きます。両サイドに山の絵を貼りましょう。

準備する物

（1コースに必要な物）

- 平均台 ……… 1台
- スズランテープを貼ったフープ … 1本
- 忍者の衣装 ……… 人数分
- 跳び箱（3段分） ……… 1台
- ロングマット ……… 1枚
  ※普通のマットなら2枚使用。
- スズランテープの川
- ブルーシート ……… 1枚

案／松森照幸（エディーキッズ代表）　イラスト／タカタカヲリ

個人種目

5歳児

パパッパレース

スタート地点の先には島と危険ゾーンが！　両足をパッと開いてかけっこをしましょう。

スタート後、走っていって足をパッと開いて円の中に着地します。わにのいる危険ゾーンに注意しながら、縄跳びを踏まないように、足を開いて通過し、再度、両足で円に着地して、ゴールを目ざします。

ポイント

- 両足で跳んだり、足を開いて進んだりと、全身を使った運動になります。友達と競走することで速く走るための工夫が生まれます。

コース設定

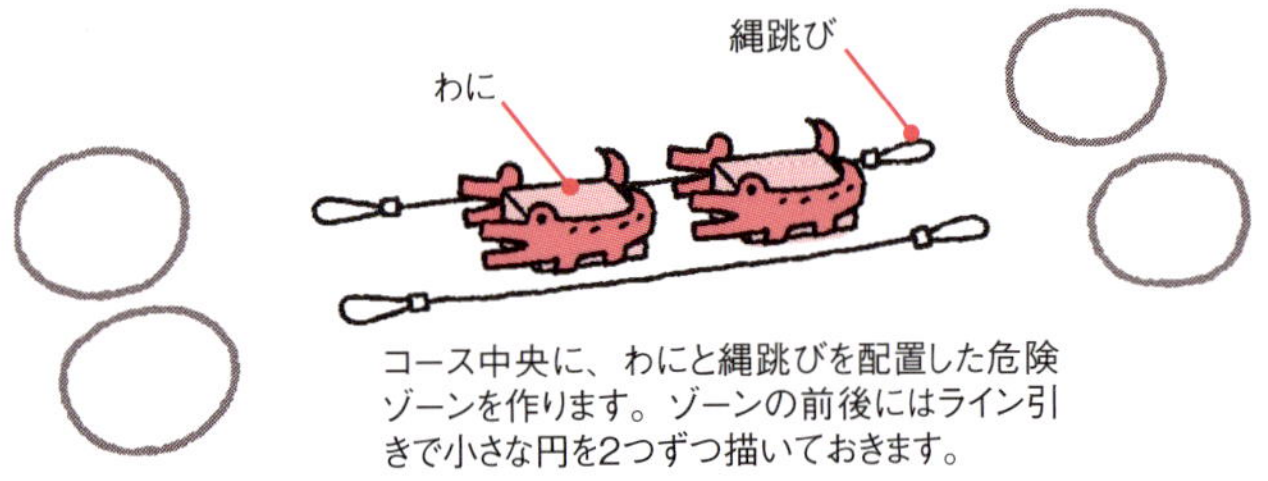

コース中央に、わにと縄跳びを配置した危険ゾーンを作ります。ゾーンの前後にはライン引きで小さな円を2つずつ描いておきます。

わにの作り方

色画用紙をわにの形に切り抜き、クレヨンなどで目を描いて、ティッシュペーパーの箱などに貼ります。飛ばないように箱の中に砂を入れます。

アレンジ

年齢や全体の基礎能力に応じて、円の数を増やしたり、並べ方を替えてみたりして、日頃の成果を披露するコースを作りましょう。リレー形式でも楽しめます。

準備する物

（1コースに必要な物）

- 縄跳び……………………2本
- わに………………………2個

案／山本美聖（関西あそび工房）　イラスト／浅羽壮一郎

個人種目
5歳児

跳んで回ってゴール!

跳んで、回って、蹴って…5歳児ならではの、さまざまな運動能力を盛り込みました。「キックゾーン」では逆転のチャンスも!?

スタートの合図で「縄跳びゾーン」まで行き、置いてある縄で3回前回し跳びをします。続いて、「逆上がりゾーン」では逆上がりを1回します(難しい場合は、前回りに変えましょう)。最後は「キックゾーン」でフワフワボールを蹴りながら、ゴールを目ざします。

ポイント

- 「逆上がりゾーン」では、事故防止のため1台につき保育者が1人補助に付きましょう。
- フワフワボールは蹴りにくいので、逆転のチャンスが生まれます。

フワフワボールの作り方

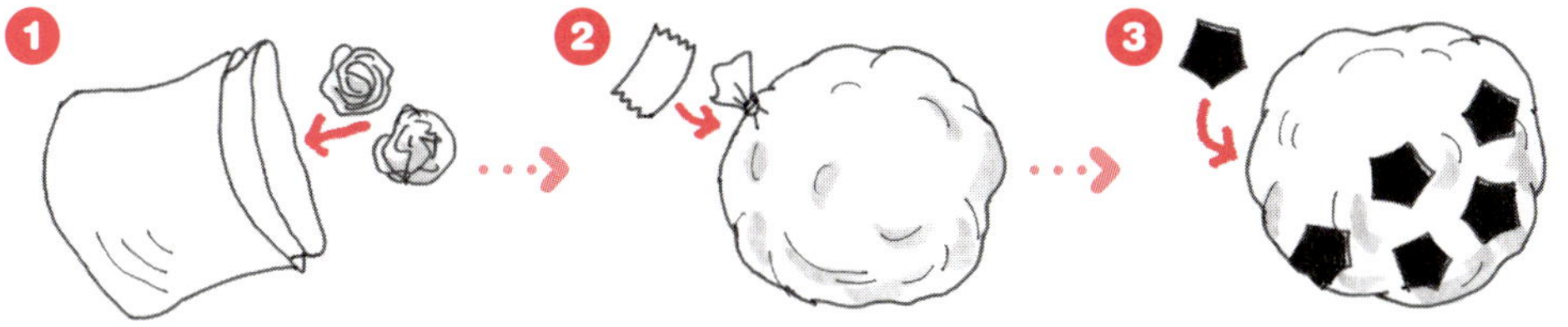

1. 二重にした白いカラーポリ袋に、丸めた新聞紙を入れます。空気を含ませた方が蹴りにくくなります。
2. 袋の口を縛り、丸くなるように形を整え、ビニールテープで留めます。
3. 黒い色画用紙を貼って、サッカーボールの模様を作ります。

準備する物
(1コースに必要な物)

- 縄跳び……………………1本
- 鉄棒……………………1台
- フワフワボール………1個

案/松森照幸(エディーキッズ代表)　イラスト/タカタカヲリ

親子種目

5 歳児

運んで運んでお盆レース

お盆に載せたボールを落とさないように進むリレー形式の種目。行きは子どもが、帰りは保護者がボールを運びます。

1

子どもがお盆にボールを載せて落とさないように進みます。途中でボールが落ちてしまったら、保護者が拾ってお盆に戻します。

2

折り返し地点に来たら保護者にお盆を渡し、子どもがボールを投げ、保護者がお盆でキャッチします。

3

帰りは保護者がお盆にボールを載せて運びます。途中でボールが落ちてしまったら、子どもが拾ってお盆に戻します。スタート地点に戻ったら、次の組と交代します。

ポイント

- ゆっくりでも落とさないように進む方が、早くゴールできます。
- ボールは優しく下から投げるようにします。
- ボールの大きさやお盆の大きさを変えると、難易度が調整できます。

アレンジ

直線コースから、カラーコーンの間をジグザグに進むコースに変えてみましょう。

準備する物

（1チームに必要な物）

- お盆……………………1枚
- ボール…………………1個
- カラーコーン…………2個

案／深沢和宏（きのいい羊達グループ　静岡キッズキングダム）　イラスト／町田里美

タオル運び

子どもは前の保護者の首からタオルを外し、後ろの保護者の首にタオルをかけます。列の最後の人までタオルを送りましょう。

準備する物

（1チームに必要な物）

- タオル……………20枚
  （人数に合わせて増減）
- 台……………………1台
- かご…………………1個

1

タオルを載せた台を先頭に、かごを最後尾に置きます。タオルを載せた台から、先頭を子どもにして保護者と子どもが交互に1列に並びます。

2

スタートの合図で、先頭の子どもはタオルを1枚取って、後ろの保護者の首にかけます。

3

保護者は首にタオルをかけたまま後ろを向き、後ろの子どもにタオルを外してもらいます。これを繰り返し、最後の子どもはタオルをかごに入れます。全てのタオルを早く運んだチームが勝ちです。

ポイント

- 人数が合わないときは、少ない方のチームのタオルを増やすなどして調整します。

アレンジ

タオルを足にかけてみましょう。①子どもは保護者の足にタオルをかけます。②保護者はケンケンしながら後ろを向き、後ろの子どもにタオルを外してもらいます。

案／深沢和宏（きのいい羊達グループ　静岡キッズキングダム）　イラスト／町田里美

親子種目

5歳児

目隠し手つなぎリレー

子どもが目隠しをした保護者の手を引いて、タンバリンを持った保育者の所まで進みます。

1

子どもと保護者が手をつなぎ、チームごとに並びます。最初の組の保護者はタオルで目隠し。保育者はタンバリンを持って10ｍぐらい離れた場所に立ちます。

2

子どもは保護者の手を引いて、保育者の所まで進みます。うまくたどりつけない場合は、保育者がタンバリンを鳴らして位置を知らせます。

3

子どもが保育者の持つタンバリンを鳴らしたら、保護者は目隠しを取って、手をつないだままスタート地点へ戻り、次の組にタオルを渡して交代。アンカーの組が早くゴールしたチームの勝ちです。

準備する物

（1チームに必要な物）

- タオル……………………1枚
- タンバリン…………1個（保育者用）

ポイント

- 子どもが保護者を急に引っ張ったり、スピードを出しすぎたりしないように声をかけましょう。

案／深沢和宏（きのいい羊達グループ　静岡キッズキングダム）　イラスト／町田里美

親子種目

5歳児

もうすぐ開店！

開店前のお店やさんを舞台に、親子ですばやくお片づけに取り組みます。各シーンで実況中継風のアナウンスを入れると、会場も盛り上がります！

1

「たいへん！　もうすぐお客様が来る時間です。お店やさん、急いで準備をしてください」というアナウンスを合図に、フープに入り親子でスタート。

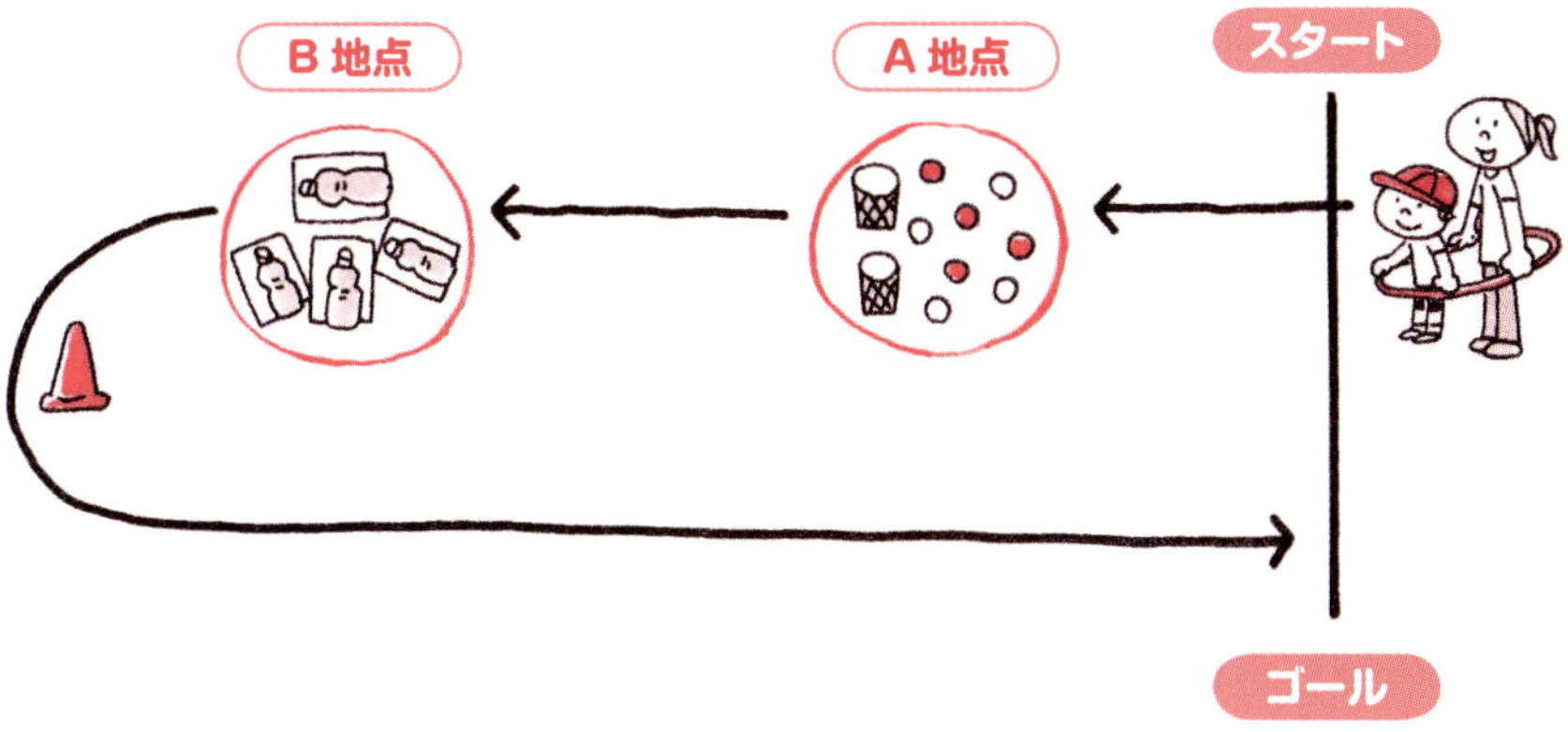

2

「A地点」では、「あらら、卵とりんごが転がっていますよ。このままではお客様が滑ってたいへん！」といったアナウンスで盛り上げます。親子は、卵（白い玉）とりんご（赤い玉）をそれぞれの入れ物に片づけます。

3

「B地点」では「たいへん!?　食べ物がバラバラになっています。元の形に戻さなきゃ」とアナウンス。倒れている食べ物カードの絵を合わせて立て、ゴールを目ざします。

ポイント

- 親子でどう協力して片づけるか、分担がうまくいくとスピードアップにつながります。
- 親子の協力の様子をアナウンスして、競技の間に挟むのも、楽しい演出に。

食べ物カードの作り方

<表面>

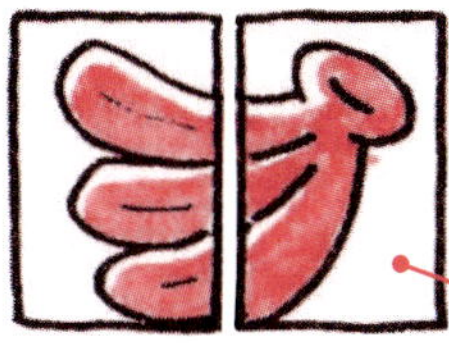

色画用紙などで食べ物を作り、2枚で1組になるよう厚紙に貼ります。

<裏面>

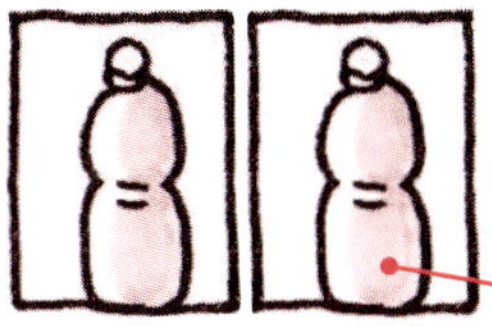

A4サイズくらいの厚紙に500mℓのペットボトルを貼り付け、立てられるようにします。

準備する物

（1チームに必要な物）

- フープ……1本
- バケツやかごなどの入れ物…2個
- 玉入れの玉……赤・白各4個
- 食べ物カード……2組
- カラーコーン……1個

案／山本美聖（関西あそび工房）　イラスト／みやれいこ

異世代種目

5歳児

力を合わせて離れずに

2人の頭の間に風船を挟んだり、ひもでつながった帽子をかぶったりして、ゴールを目ざす競技。2人の距離を一定に保つように気をつけながら、力を合わせて進みます。

準備する物

（1チームに必要な物）

- 風船……………………1個
- 風船を挟むお面…1セット
- ひも付き帽子 ….1セット
- 台 ………………………1台

1 大人と子どもが〈風船を挟むお面〉を額に付け、2人で風船を挟んだ状態でスタート。

2 台まで来たら風船とお面を外して、〈ひも付き帽子〉をそれぞれがかぶります。帽子が脱げないように2人の距離を保ちながら、ゴールを目ざします。

ポイント

- 風船を落としたり、帽子が脱げたりしたら、その地点から再スタートします。
- 風船を挟むとき、大人と子どもが手をつなぎ合うと、距離が一定になり、風船が固定しやすくなります。

作り方

<ひも付き帽子>

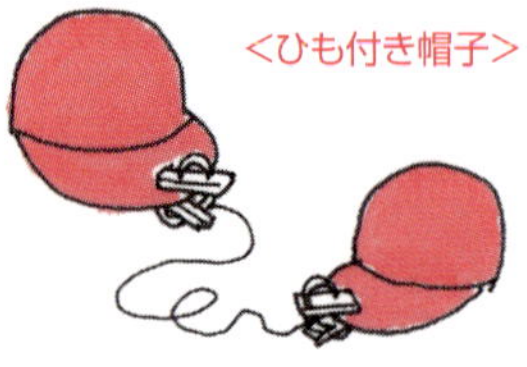

ひもに洗濯ばさみを付けて、帽子のひさしに付けます。

<風船を挟むお面>

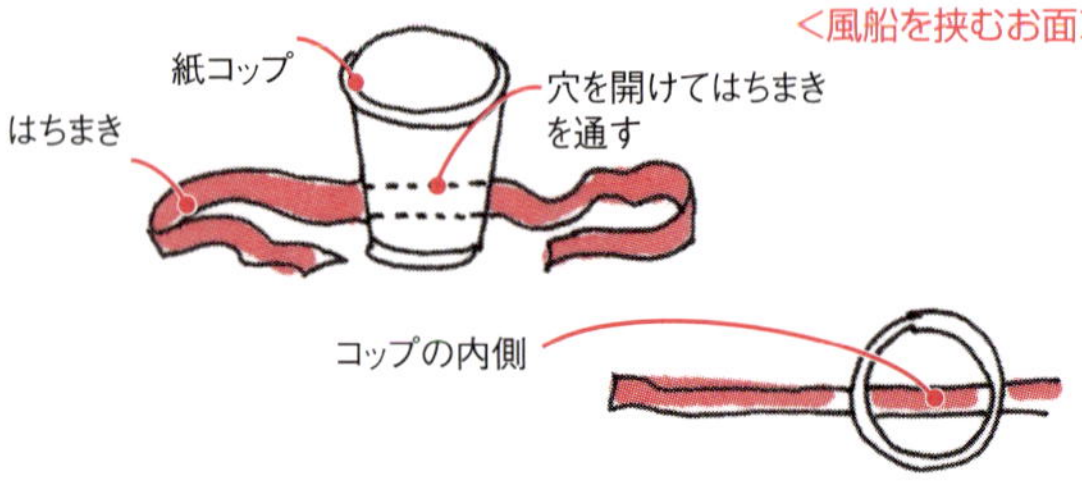

案／丸山政敏（足利短期大学）　イラスト／タカタカヲリ

異世代種目

5歳児

バタバタ二人三脚

段ボール箱に足を入れて、二人三脚で進む競技です。段ボール箱でバタバタと進む姿がユーモラス。2人で息を合わせないと進めないので、異世代の交流も深まります。

大人と子どもが並び、外側の足は1人1箱、内側の足は2人で1箱として、段ボール箱に足を入れてスタートします。「いちに、いちに」と声をかけ合いながら二人三脚の要領で進みます。カラーコーンなどの障害物をよけながら、早くゴールしたチームの勝ちです。

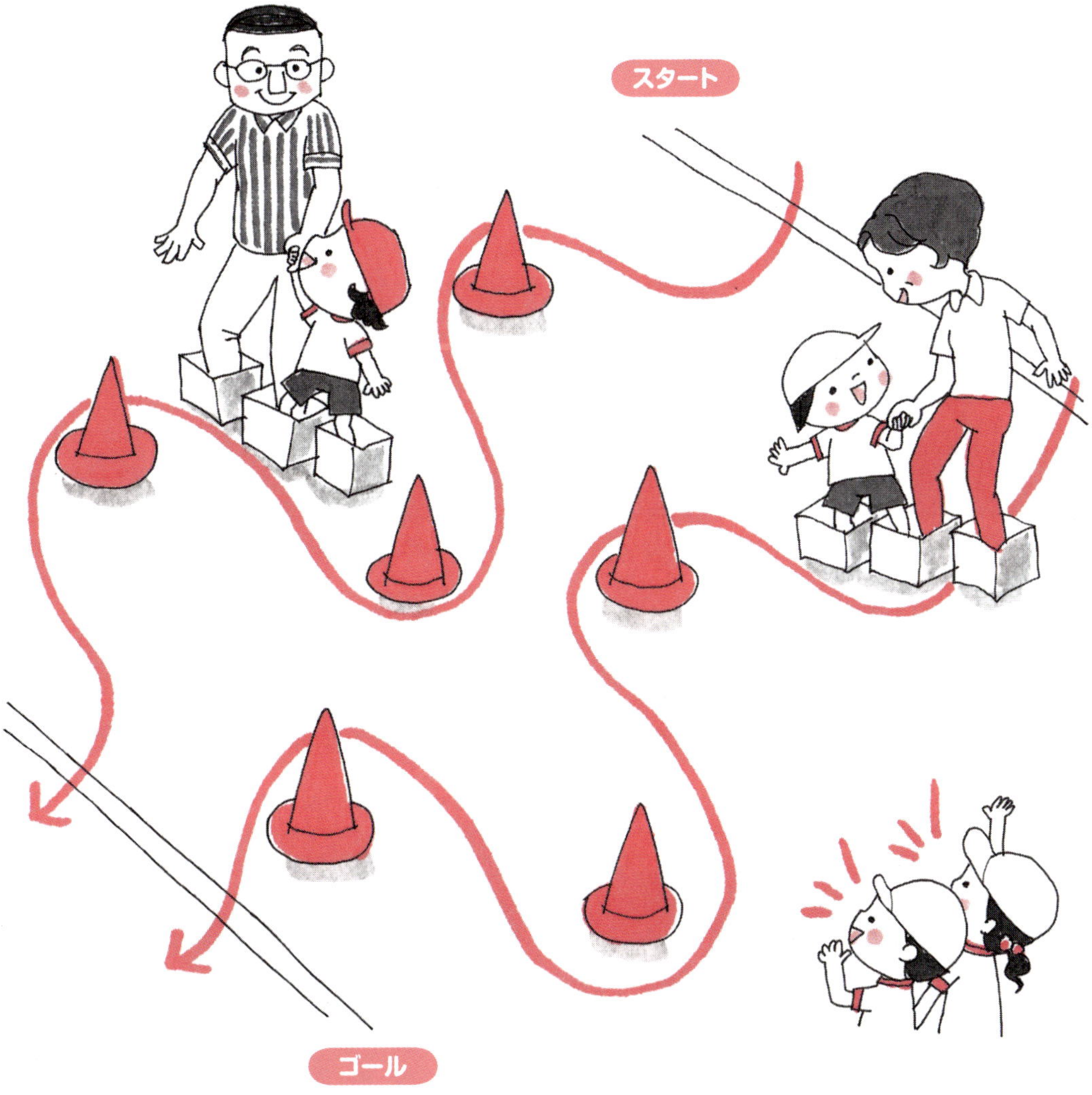

ポイント

- 2人で声をかけ合って、足を運ぶテンポを合わせるのがこつ。
- コース途中の障害物の数や位置で、難易度を調節できます。参加者の年齢などを考慮して検討しましょう。

準備する物

（1チームに必要な物）

- 段ボール箱…………3個
- カラーコーン…………3個

案／丸山政敏（足利短期大学）　イラスト／タカタカヲリ

異世代種目

5歳児

フープでボール運び

2人でフープのひもを引っ張りながら進みます。ボールがフープから飛び出さないように気をつけながら行いましょう。

1 ひもの付いたフープを2人で引っ張り、スタートします。

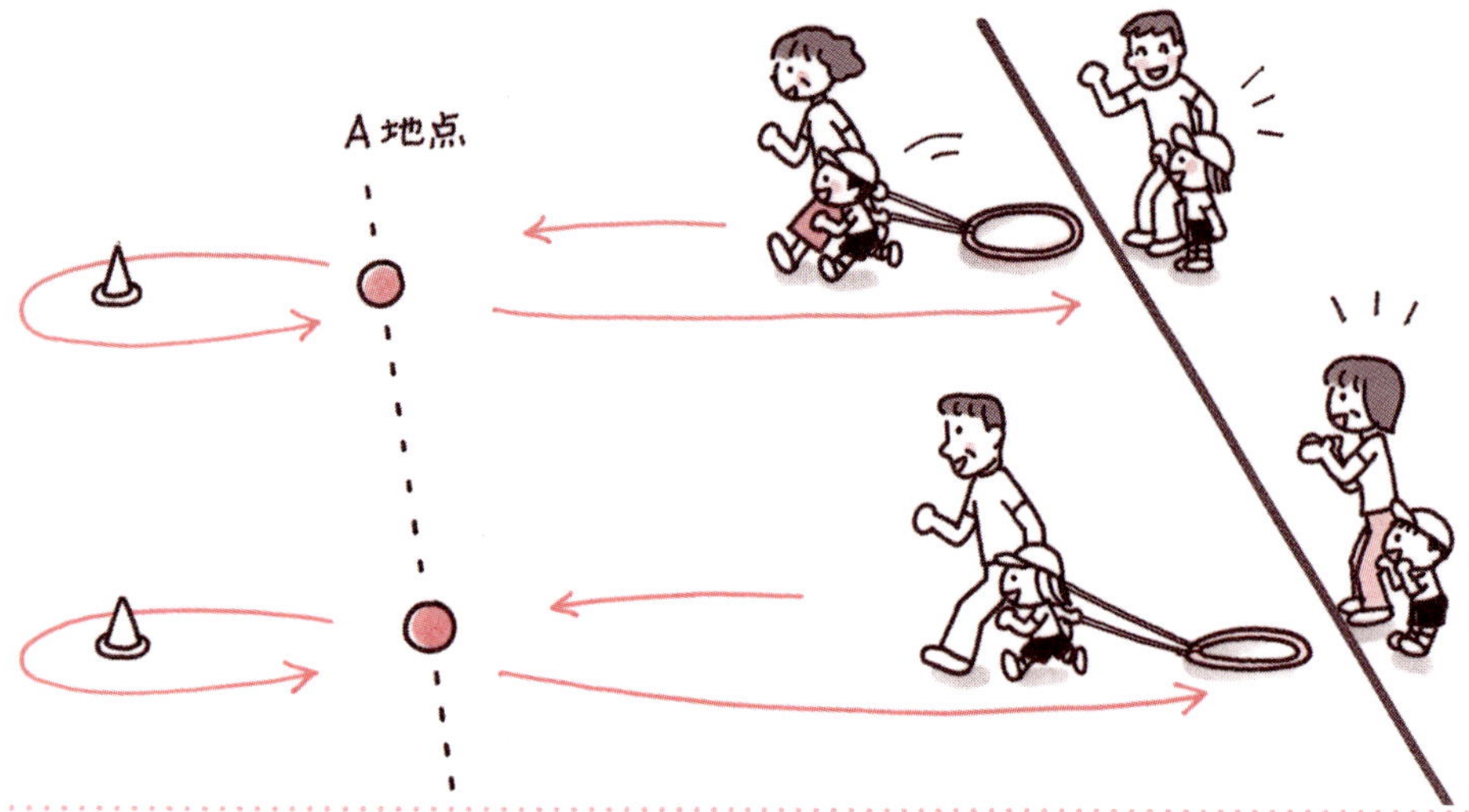

2 A地点に着いたら、ボールをフープの中に入れます。

3 ボールが飛び出さないように進み、カラーコーンを回ります。

4 A地点でボールを返し、スタート地点に戻って次の組と交代します。アンカーの組が先にゴールしたチームの勝ちです。

ボールが飛び出してしまったらその地点でボールを拾って、またスタートします。

ポイント

- 大人がひもを引っ張りすぎて、フープが持ち上がってしまわないように気をつけます。
- 折り返し地点では、フープがカラーコーンにぶつからないよう大きく回ります。

準備する物

（1チームに必要な物）

- フープ……………………………………1本
- ひも ……………………………………2本
- ボール
  （ドッジボールやサッカーボール）……1個
- カラーコーン……………………………1個

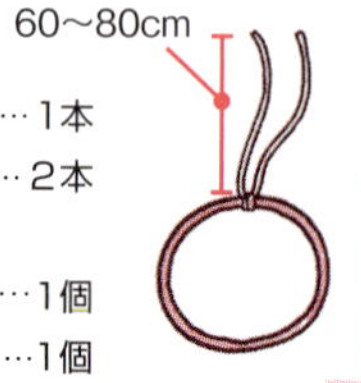

案／山本美聖（関西あそび工房）　イラスト／町田里美

4歳児の種目

団体種目

- カイかな？　イカかな？……26
- キャンドルサービス……27
- ただいま工事中……28
- 走れ　メガネくん！……29
- ハンバーガーを召し上がれ……30
- ハッピーバースデー！……31

個人種目

- 進め、海の仲間たち！……32
- カレーライスが食べたい！……33
- ちょこちょこパフェ……34
- 干して、畳んで、お洗濯……35
- うさぎのかごやさん……36
- 回る福笑い⁉……37

親子種目

- 電車に乗ってゴー！……38
- かごの中の小鳥……39
- でこぼこサッカー……40
- 大漁祭り……41

異世代種目

- 引いた数だけ魚釣り……42
- サンドイッチの玉入れレース……43
- 勝っても負けてもだ～い好き！……44

団体種目

4
歳児

カイかな? イカかな?

大きなカードを、あきらめずになん度もひっくり返しましょう! クラス対抗でもできる競技です。思わず応援にも力が入ります。

準備する物

(1ゲームに必要な物)

- イカのお面………人数分
- カイのお面………人数分
- カイとイカのカード
  …人数分〜2倍程度の枚数

1

表にカイ、裏にイカの絵を描いたカードを、表と裏が同数になるようにして、バラバラに配置します。子どもたちはカイチームとイカチームに分かれます。スタートの合図で、置かれたカードを自分のチームの絵にしていきます。

2

裏返されたら、さらに裏返す! を繰り返します。制限時間内(約3分程度)に、より多くのカードを自分のチームの絵にできた方が勝ちです。

ポイント

- アナウンスで、残りの秒数をカウントダウンするなどして盛り上げましょう。
- 簡単なルールを取り入れたおもしろゲームです。4歳児らしいたくましさが見られます。

作り方

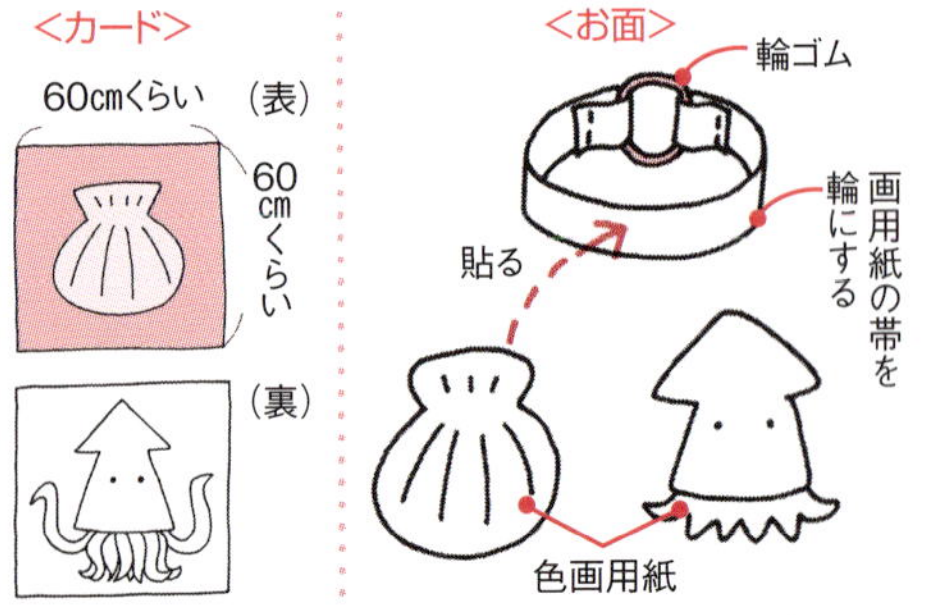

※カードは表と裏で色を変えると、わかりやすくなります。

案/福田りゅうぞう(カエルちゃんOFFICE) イラスト/浅羽壮一郎

団体種目

4歳児

キャンドルサービス

ペットボトルをろうそくに、赤い玉をろうそくの火に見立てます。ペアで仲よく、ろうそくに火をともしましょう。

コース中央に砂を入れたペットボトルとフープを置きます。フープの周りには赤い玉を用意します。2人1組で手をつなぎ、スタート。ペットボトルの上に、赤い玉を全部載せたら、スタート地点に戻って次のペアとタッチして交代します。保育者は、次のペアのために、赤い玉をフープの周りに戻しておきましょう。

ポイント

- 子どもたちのろうそくに対するイメージは、誕生日や花火などさまざま。一人ひとりのイメージを大切にするためには、シンプルな飾りで作ります。

キャンドルの作り方

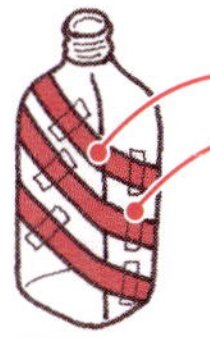

ペットボトルにスズランテープを巻き、セロハンテープで留めます。中におもしとして砂を入れると安心です。

フープの飾り方

色画用紙をハートや星の形に切り抜き、クラフトテープなどでフープに飾り付けます。

準備する物

（1チームに必要な物）

- 玉入れ用の赤玉……4個
- スズランテープで装飾したペットボトル……4本
- 色画用紙で装飾したフープ……1本

案／山本美聖（関西あそび工房）　イラスト／みやれいこ

5歳児
4歳児
3歳児
2歳児
1歳児
未就園児

団体種目

4歳児
ただいま工事中

だんだん窓の数が増えて、ビルができあがっていく様子にワクワクするリレー種目です。

1

各コースのスタート地点にビルを置き、折り返し地点にビルの窓を置きます。子どもたちはチームに分かれ、最初の走者はヘルメットをかぶります。

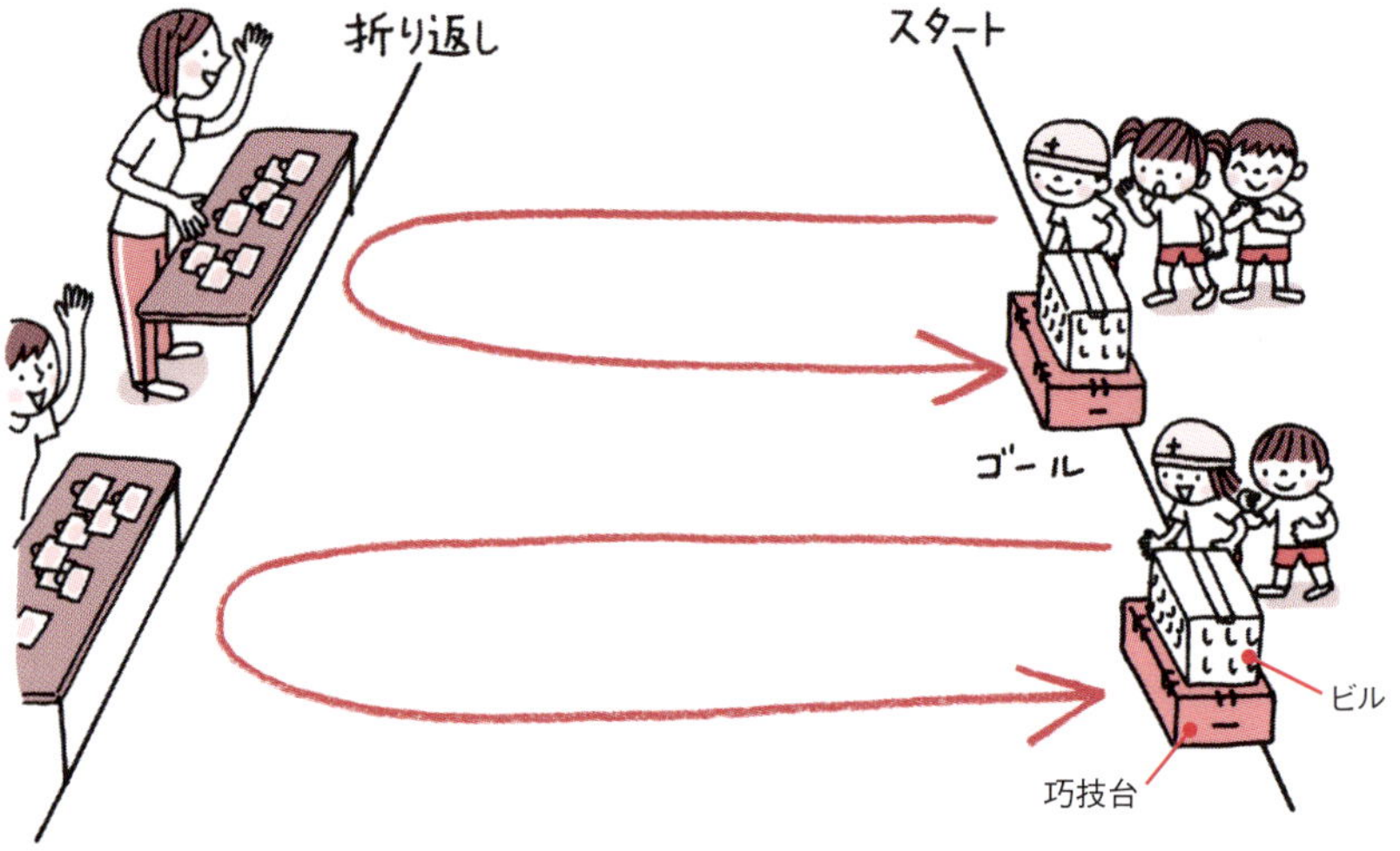

2

スタートの合図で、両手でビルを抱えてテーブルまで走ります。置いてある窓を1個フックに引っ掛けて、折り返します。

3

スタートラインまで戻って、巧技台の上にビルを置きます。バトンを渡す代わりに、次の走者にヘルメットをかぶせてあげて交代。

4

窓が落ちたらその場で止まり、すぐに引っ掛け直します。最後の走者が早くゴールしたチームの勝ちです。

ポイント

フックは、窓が落ちにくいように、ちょうどよい角度に調整しましょう。

作り方

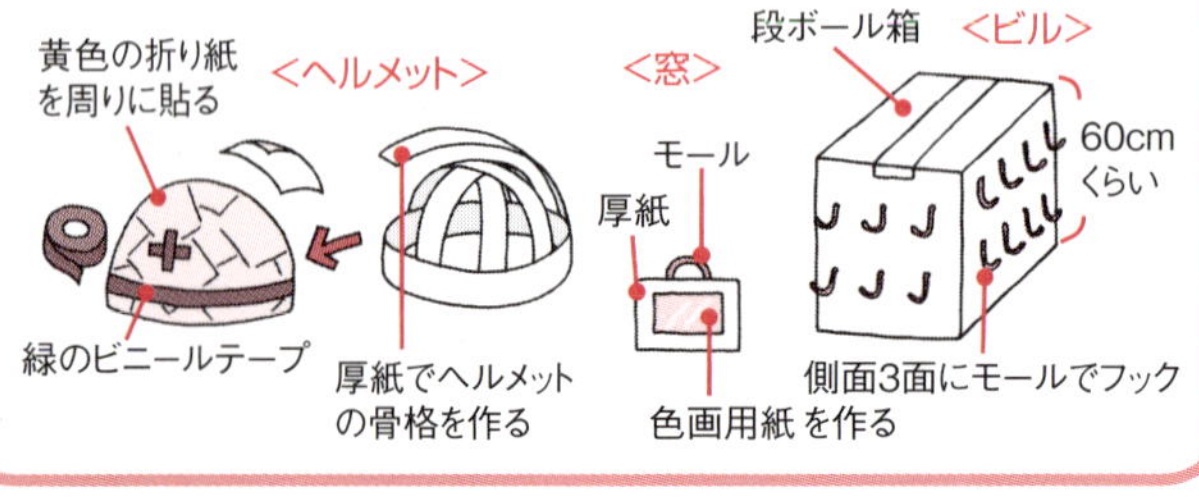

準備する物

（1チームに必要な物）

- ビル……………………1棟
- 窓……………………人数分
- テーブル………………1台
- ヘルメット……………1個
- 巧技台…………………1台

案／福田りゅうぞう（カエルちゃんOFFICE）　イラスト／浅羽壮一郎

団体種目

4歳児

走れ メガネくん!

友達とペアになって、巨大メガネを持ちながら走るリレーです。お互いに協力し合って、同じペースで進みましょう！

1 2人1組になります。先頭のペアはメガネからそれぞれの顔が見えるように巨大メガネを持って、スタートラインに並びます。

2 スタートの合図で、2人の足並みをそろえて進みましょう。

3 カラーコーンで折り返してスタート位置に戻ったら、次のペアに巨大メガネを渡してバトンタッチ。先に全員が走り終わったチームの勝ちです。

ポイント

- 背丈が同じくらいの子同士でペアを組むとよいでしょう。
- 必ずメガネから2人の顔が見えるようにして進みましょう。
- 巨大メガネが折れたり、破れたりしないように、段ボールを二重にするなど、工夫しましょう。

CHECK!

持ち方

必ず2人の顔が見えるように持ちます。

巨大メガネの作り方

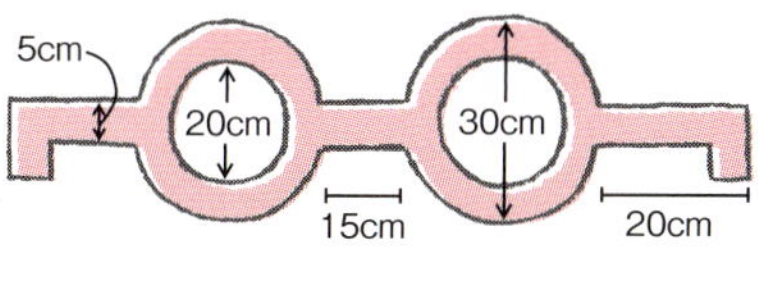

1 段ボールをメガネの形に切り抜きます。

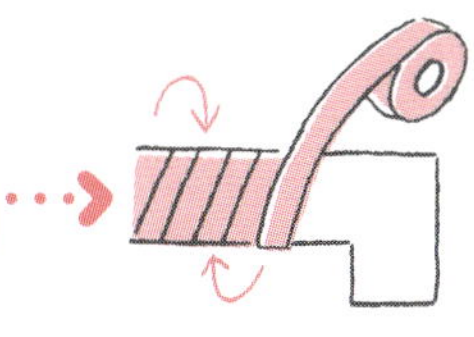

2 段ボールの切り口が肌に当たると痛いので、ビニールテープなどで、ぐるぐる巻きにします。

※チームによってメガネの色や模様を変えるとかわいい！ カラフルな色を使い、しましまメガネや鼻付きメガネにするなど、工夫してみましょう。

準備する物

（1チームに必要な物）

- 巨大メガネ…………1個
- カラーコーン………1個

案／渡辺リカ（アトリエ自遊楽校）　イラスト／ユカリンゴ

団体種目

4歳児

ハンバーガーを召し上がれ

ハンバーガーの具を上手に重ねて完成させ、崩さないように運びます。運ぶ役、載せる役を決めて、みんなで協力しながら進めましょう。

1 チーム全員で一斉にスタートします。

2 パン→ハンバーグ→トマト→チーズ→レタス→パンの順番で下から順に重ね、ゴールのテーブルまで慎重に運びます。

3 テーブルの上に崩さないで載せられたら成功です。

ポイント

- 赤2チーム、白2チームの計4組くらいで行いましょう。
- 事前に、子どもたちと遊んでみて、子どもたちの様子を見ながら重ねる物の数を調節するとよいでしょう。
- ゴール前に保育者が座り、「ハンバーガー1つお願いしま〜す!」とお客さん役になると、盛り上がります。

パンと具材の作り方

＜パン・ハンバーグ共通＞

1 茶色のカラーポリ袋の底を絞って留めたら、新聞紙を5枚程度丸めて詰めます。

2 反対の口も絞って留めます。

3 丸くなるように形を整えます。

4 真ん中を少したたいて平らにします。

5 一番上になるパンは、新聞紙を2〜3枚増やして膨らませ、上に白い丸シールを貼って白ごま風に装飾。

1 ＜チーズ＞ 黄色のカラーポリ袋に、四角く切ったエアーパッキングを2枚ほど重ねて入れます。

2 口を折ってセロハンテープで留めます。

3 ＜トマト＞ トマトは赤いポリ袋でチーズの2まで作り、角を折って丸くします。

＜レタス＞ 緑色の色画用紙かロール紙にしわを付けます。

準備する物

（1チームに必要な物）

- 特大ハンバーガー（パン上下、ハンバーグ、トマト、チーズ、レタス）……各1個
- テーブル……1台

案／渡辺リカ（アトリエ自遊楽校）　イラスト／ユカリンゴ

団体種目

4歳児

ハッピーバースデー！

クラス全員で協力し合いながら、大きなバースデーケーキを作り上げます。ケーキやろうそくにふん装した姿がとてもキュート。音楽に合わせて踊っても楽しめます。

1 順番にスタートして、ケーキを2個運び、スタートラインまで戻ってきます。

2 マント組とろうそく組に分かれ、先にマント組がケーキの所へ行き、手をつないでケーキの周りを囲みます。

3 ろうそく組がマント組の下をくぐって中に立ち、ろうそくのお面をかぶってポーズ。バースデーケーキの完成です。

1 ケーキは1個ずつ、2～4人で持ち運びましょう。

バースデーケーキ完成！

2 まずはマント組がケーキの周りへ！

3 ろうそく組は定位置についたら、お面をかぶります。

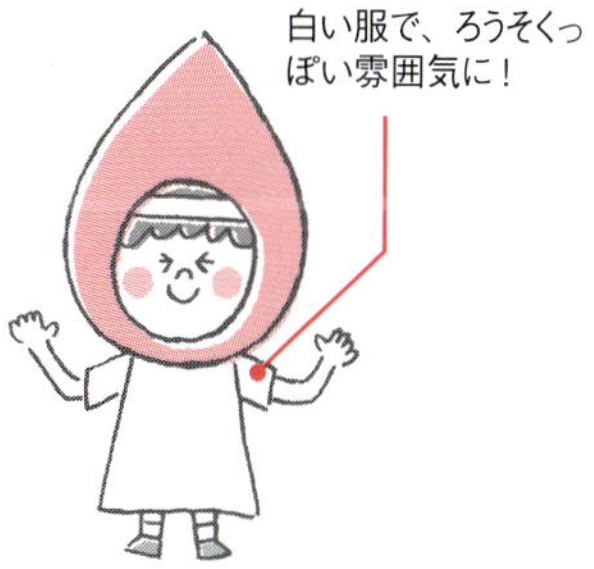

白い服で、ろうそくっぽい雰囲気に！

作り方

<ろうそくのお面>

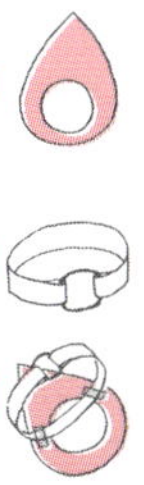

1 赤の厚紙を図のようなしずく形に切って、子どもの顔が出るくらいの穴を開けます。

2 画用紙か厚紙でお面用のバンドを作ります。

3 1と2をしっかり貼り合わせます。

<ケーキ>

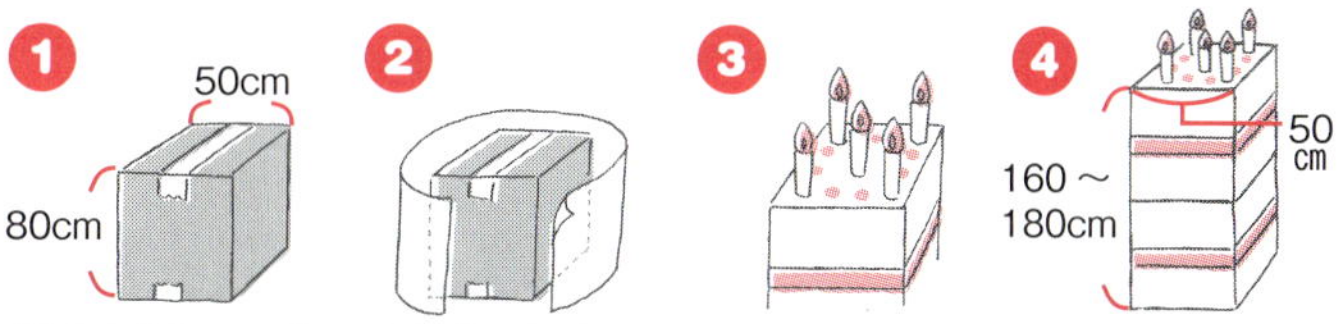

1 上記サイズくらいの段ボール箱を2個用意し、それぞれ上部と底をしっかり留めます。

2 底以外の部分に画用紙を貼って覆います。

3 一番上になる部分に、ろうそくやカラフルなシールを貼ります。サイドにも赤やピンクでラインを入れます。

4 ケーキは重ねられるよう、2個作ります。

<ケーキマント>

1 白のカラーポリ袋を切り、開いて2枚にします。

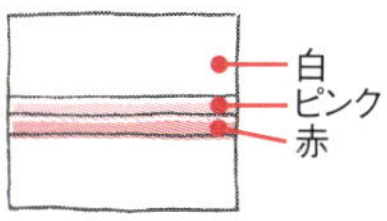

2 ピンクや赤のビニールテープか油性マーカーでケーキにラインを入れます。

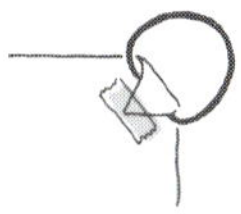

3 上の両端に輪ゴムを通して貼り付け、両手を通せるようにします。

ポイント

- スタート地点の前に、ケーキ、ケーキマント、ろうそくのお面を人数分用意します。
- どの役でどの位置に立つか、練習しておくとスムーズです。

準備する物

- ケーキ……………2個1組
- ケーキマント
  ………マント組の人数分
- ろうそくのお面
  ……ろうそく組の人数分

案／渡辺リカ（アトリエ自遊楽校）　イラスト／ユカリンゴ

個人種目

4歳児

進め、海の仲間たち！

魚やかに、えびなど海の仲間に変身しながら、横歩きで歩いたり、潜ったり、後ろ向きで歩いたり…。体全体のバランスをとりながら進みましょう。

① かにのお面を付けてスタート。かにの手（チョキ）をしながら平均台を横歩きで渡ります。

② 魚のお面に付け替えたら、2つ並んだフープをくぐります。

③ 魚のお面を付けたまま、網に潜って貝を探します。

④ 貝を見つけて網から出たら、えびのお面に付け替え、両手で貝を持ちながら後ろ向きでゴールを目ざします。

えびのお面
目が隠れない程度の大きさに作ります。

貝
カラー工作用紙などで作ります。

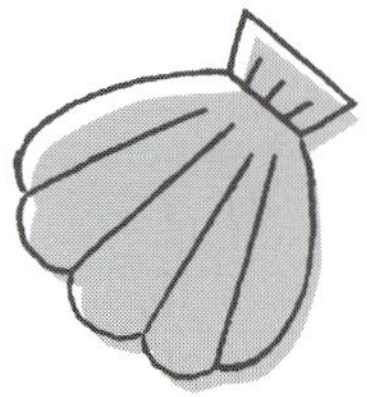

魚のお面
網をくぐるので、引っかかりにくいように小さめに作ります。

かにのお面
目が隠れない程度の大きさに作ります。

スタート

貝は網の出口付近に各コース1つずつ置いておきます。

魚のお面に替えたら、かにのお面は台に置きます。

ゴール

えびは後ろ向きでゴールに進みます。

ポイント

🌸 お面の付け替えをすばやくできるように練習しましょう。

🌸 貝は記念に持ち帰れるように、子どもの人数分用意しましょう。

準備する物
（1コースに必要な物）
- かに、魚、えびのお面……各1個
- 貝………………………人数分
- 平均台……1台　●台……2台
- フープ……2本
- 網………1枚

案／渡辺リカ（アトリエ自遊楽校）　イラスト／ユカリンゴ

個人種目

4歳児 カレーライスが食べたい!

カレーライスの具を探し当てながら進む、当てっこクイズの要素を取り入れた障害物競走です。野菜やルーを探して、おいしいカレーライスを作りましょう。

1 かごを背負い、三輪車に乗ってスタート。

2 三輪車を降りて「当てっこBOX」に手を入れて、たまねぎとじゃがいもを探します。

3 見つけた物を背中のかごに入れて進み、「にんじんBOX」でにんじんが当たるまで探します。

4 テーブルの上のルーを見つけたら、集めた野菜とルーの箱を鍋に入れてゴールします。

ポイント

- ゴール前でお鍋に野菜を入れたら、かごは置いていってもかまいません。
- 当てっこBOXに入れるたまねぎとじゃがいもは、おもちゃでもOKです。

ルーの箱の作り方

表面に当たりマークを1個、残り2個は外れマークを入れます。裏面は3つ共通です。

作り方

<当てっこBOX>

1 <にんじん、だいこん、もじゃもじゃちゃん>

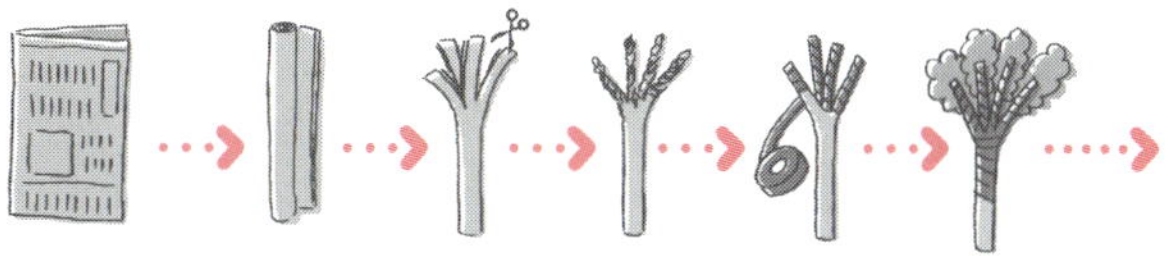

新聞紙見開き1枚を縦半分に折って固めに巻き、全体の1/3の長さで先の部分を四等分します。その先をねじり、緑色のビニールテープでグルグルに巻きます。緑色の紙をくしゃくしゃにして貼って、芯の部分が完成！

2

1を3本作って、それぞれにアレンジ。にんじんはオレンジ色のビニールテープを、だいこんは白のビニールテープを巻き付けます。もじゃもじゃちゃんは、お人形の形にカットした画用紙を貼って作ります。

<にんじんBOX>

にんじん（当たり）、だいこん、もじゃもじゃちゃんの3つを用意。
にんじんを引いて遊べるよう、段ボール箱の上部に穴を開けます。

準備する物

（1コースに必要な物）

- かご（リュックでも可）……1個
- 三輪車……1台
- 当てっこBOX……1個
- じゃがいも、たまねぎ……各1個
- ぬいぐるみ、おもちゃなど……3～4個
- にんじんBOX、中身3種……1セット
- テーブル……1台
- 両手鍋……1個
- ルーの箱……3個

案／渡辺リカ（アトリエ自遊楽校）　イラスト／ユカリンゴ

個人種目

4歳児

ちょこちょこパフェ

さくらんぼ帽子をかぶって、パフェの洋服を着て、人間フルーツパフェになりましょう。ちょこちょこ歩き回る姿がかわいらしい障害物競走です。

1 スタートの合図で走って、最初にさくらんぼ帽子をかぶります。

2 パフェの服を着て、そのまま風船ゾーンに進みます。

3 風船ゾーンで服のおなかに風船を3つ入れて、そのままゴールを目ざします。

ポイント

- 人間パフェの服を作るとき、足が出やすいように平ゴムの絞り具合を調節しましょう。
- ゴールしたら、保育者が人間パフェの服と帽子を脱がせて、それぞれの位置まで戻しましょう。

作り方

<人間パフェの服>

1

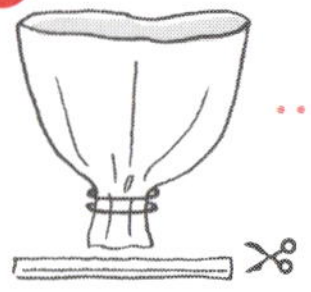

白いポリ袋の底をカットして、口を開きます。底に平ゴムを2本かけます。

2

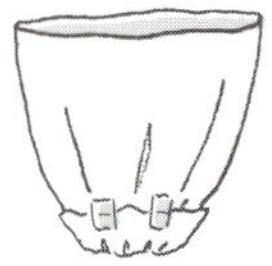

平ゴムの所から折り返し、セロハンテープでなんか所か留めます。

3

白いポリ袋を裏返し、赤、ピンク、オレンジなどのビニールテープを貼ります。

4

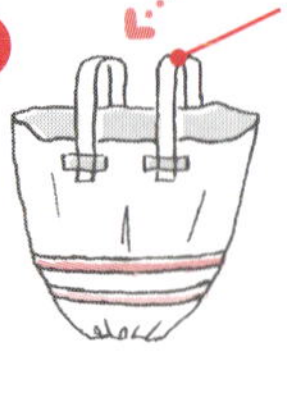

カットした底の部分か、スズランテープなど

子どものサイズに合わせて、肩ひもを付けます。

5

人間パフェのできあがり!!

<さくらんぼ帽子>

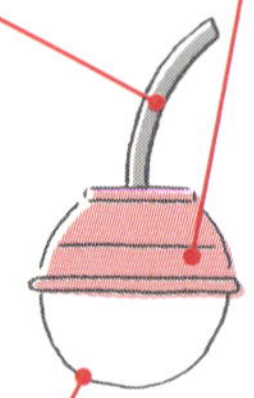

子どもの頭の大きさにちょうどよい紙製か発泡スチロール製のどんぶりに、赤でペイントする
カラースポンジ棒や色画用紙など
子どものサイズに合わせて顎ひもを付ける

準備する物

（1コースに必要な物）

- 人間パフェセット（服、さくらんぼ帽子）……………………1セット
- カラフルな風船……3個

案／渡辺リカ（アトリエ自遊楽校）　イラスト／ユカリンゴ

個人種目

4歳児

干して、畳んで、お洗濯

洗濯物を干して、畳む。ごっこ遊びの要素を取り入れながらできる障害物競走です。お手伝いが上手なのは誰かな？

1 エプロンを身に着けてスタート。

2 洗濯かごの中に入っている洗濯物を1枚取り出し、手に持ってカラーコーンの周りを3周します。

3 物干しコーナーで洗濯物を干して、別の洗濯物を取り込みます。取り込んだ洗濯物を持って進みます。

4 シートの上で洗濯物を畳みます。最後に、畳んだ洗濯物を手に持ってゴールを目ざします。

ポイント

- 事前の保育で、洗濯物を畳む練習をしてから行いましょう。
- 保育者はレースごとに、洗濯かごに1枚ずつ洗濯物を入れます。

洗濯物

長袖や長ズボンのように、「畳まなければならない物」の方が、おもしろくなります。

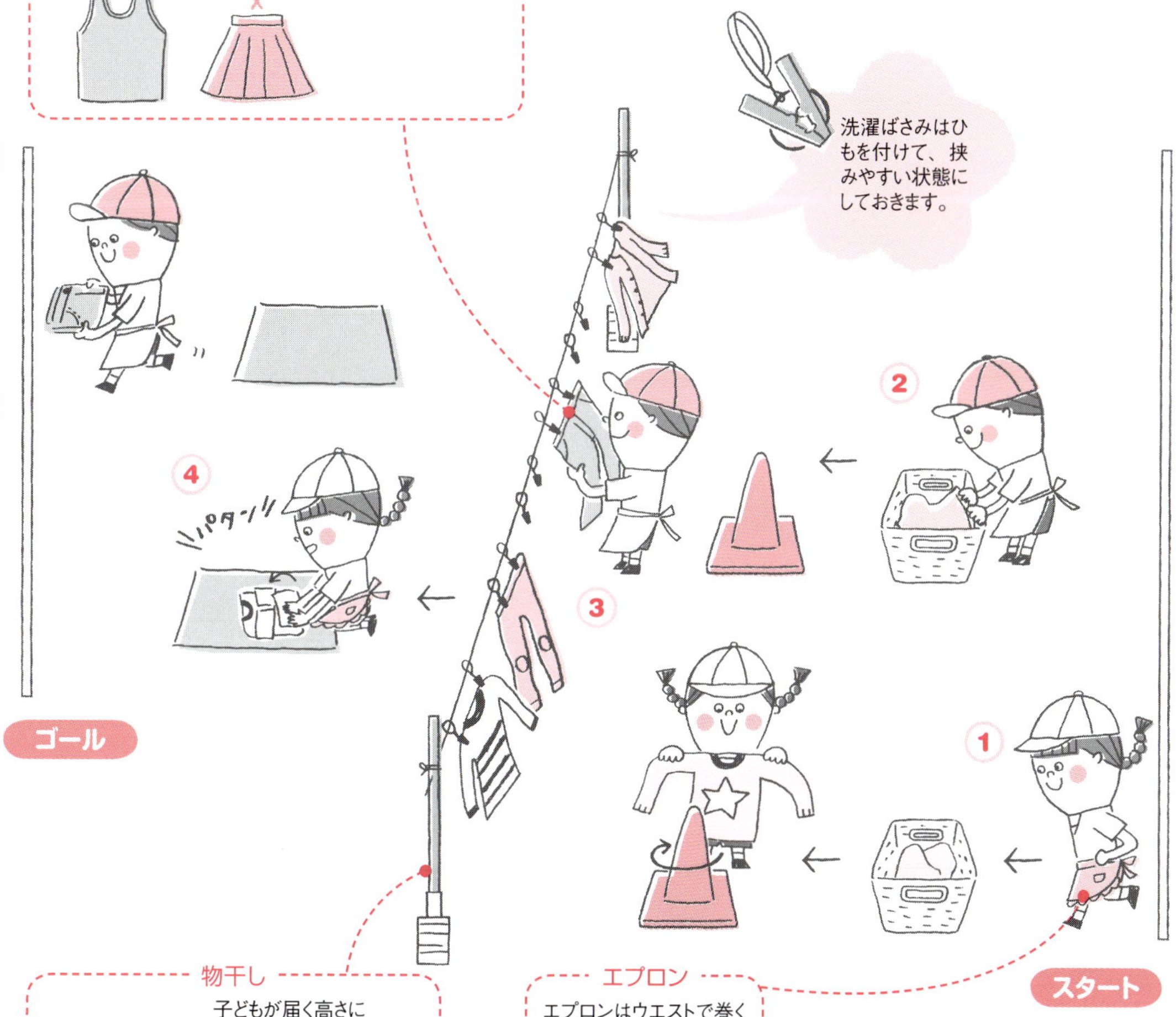

物干し

旗立て台などのポールでも代用可能。ひもは棒でもOK

エプロン

エプロンはウエストで巻くタイプの物を使用。

準備する物

（1コースに必要な物）

- 子ども用エプロン……1枚
- 子ども用の洋服やズボンなど……2枚
- 洗濯ばさみ……人数分×2個
- 洗濯かご……1個
- ピクニックシート……1枚
- カラーコーン……1個
- 物干し……1組

案／渡辺リカ（アトリエ自遊楽校）　イラスト／ユカリンゴ

個人種目

4歳児

うさぎのかごやさん

ブラブラ揺れる動物とそれを担ぐ子どもの姿がかわいい競技です。軽快な音楽をかけるとより盛り上がるでしょう。

スタートの合図がしたら、台に置かれた「しょい棒」で「うさぎ（ねこ、おさるなど）」を担ぎます。落とさないように、カラーコーンを2つ回ってゴールを目ざします。途中で落ちてしまったら、すぐに拾って、その場で担ぎ直しましょう。

ポイント

- 急いでカラーコーンを回ると、動物が振り落とされるので注意しましょう。
- 担いでいる動物が落ちてしまった場合には、保育者がサポートします。

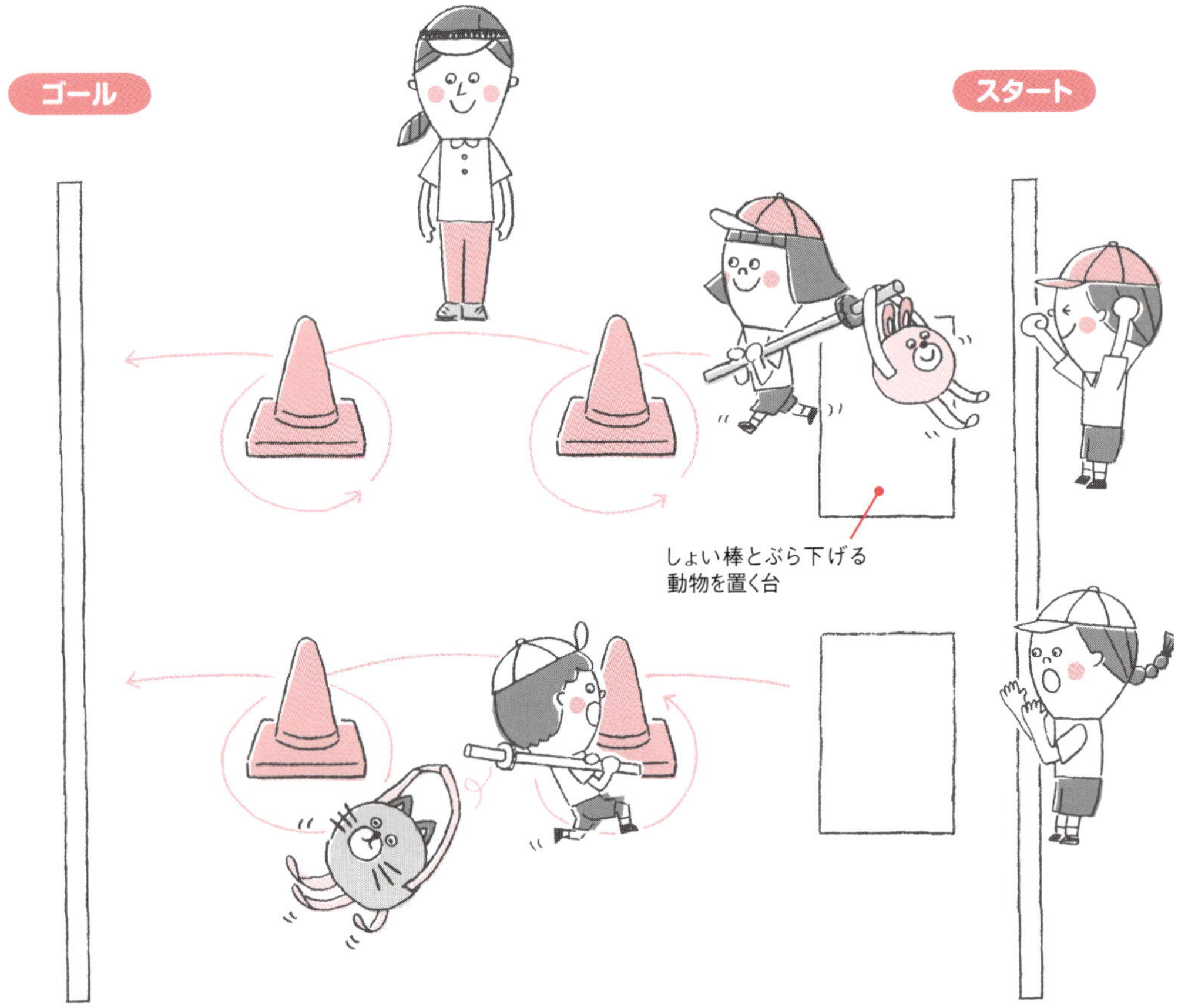

作り方

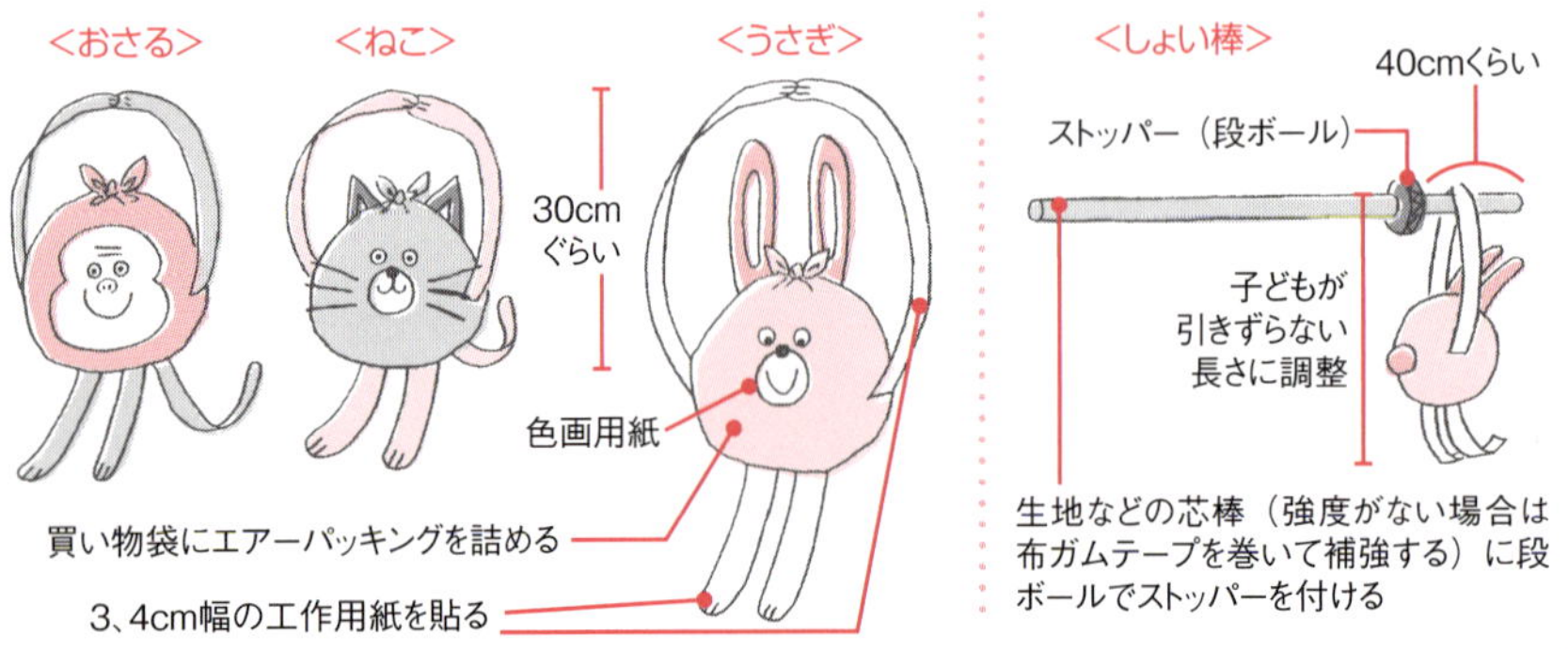

準備する物

（1コースに必要な物）

- しょい棒……………1本（ストッパー付き）
- うさぎ、ねこ、おさるなどぶら下げる動物…1匹
- カラーコーン………2個
- 台……………………1台

案／渡辺リカ（アトリエ自遊楽校）　イラスト／ユカリンゴ

個人種目

4歳児

回る福笑い!?

くるくる回る福笑いボードに子どもがいっしょうけんめいパーツを貼り付けます。愉快な表情に仕上がると大盛り上がり！

1 コース途中の「ボードエリア」に「福笑いボード」を持った保育者が立ってスタンバイ。スタートの合図で、子どもは「福笑いパーツ」が入った箱を抱えて走ります。

2 「貼ってOKエリア」にたどり着いたら、目や鼻などのパーツを福笑いボードに貼り付けていきます。ただし、子どもが到着した時点から、ボードを持った保育者は「ボードエリア」内でゆっくりと回ります。

3 全てのパーツを貼り終えたら、ボードを持った保育者といっしょに手をつないでゴールします。

ポイント

- 子どもがパーツを貼り付ける様子を見ながら、保育者は回転の速さを調節しましょう。
- ボードの輪郭は、園長先生や動物などさまざまなパターンを用意すると楽しいです。

作り方

<福笑いボード>

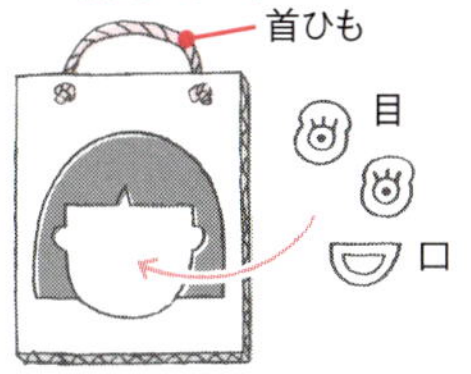

段ボール板の上にトイクロス（面ファスナーが貼り付く布）を切って貼ります。

<福笑いパーツ>

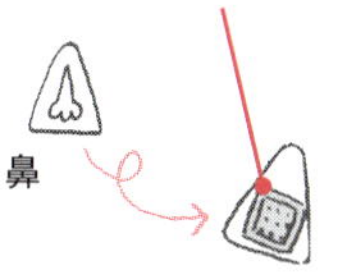

パーツは段ボール板に色を塗って作ります。

準備する物

（1コースに必要な物）

- 福笑いボード……人数分
- 福笑いパーツ……人数分（目、鼻、口、まゆげなど）
- 箱……………………………1個

案／渡辺リカ（アトリエ自遊楽校）　イラスト／ユカリンゴ

親子種目

4歳児

電車に乗ってゴー！

段ボール箱の電車をバトンにしたリレーです。子どもが運転士になり、保護者が乗客になって進みます。

スタート地点と駅を決め、カラーコーンを設置します。子どもと保護者が2人1組で段ボール箱の電車に乗り、側面の窓に手をかけてスタート。駅まで来たら、次の組と交代します。アンカーの組が先にゴールしたチームの勝ちです。

段ボール箱の上下を切り取り、側面を切り抜いて窓を作り、ビニールテープなどを貼って、補強します。

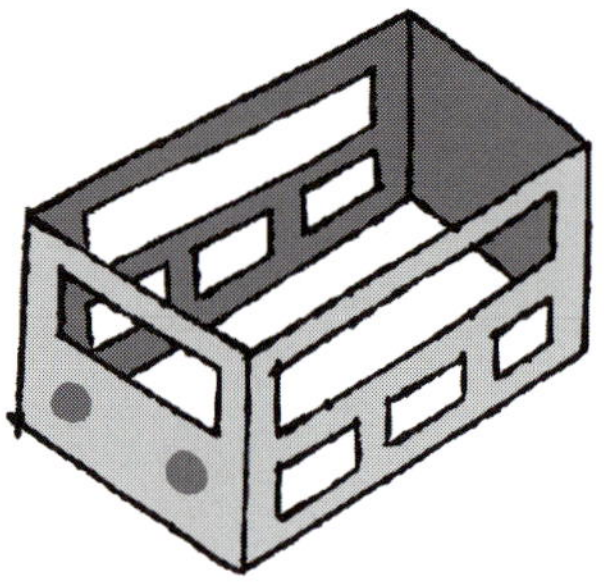

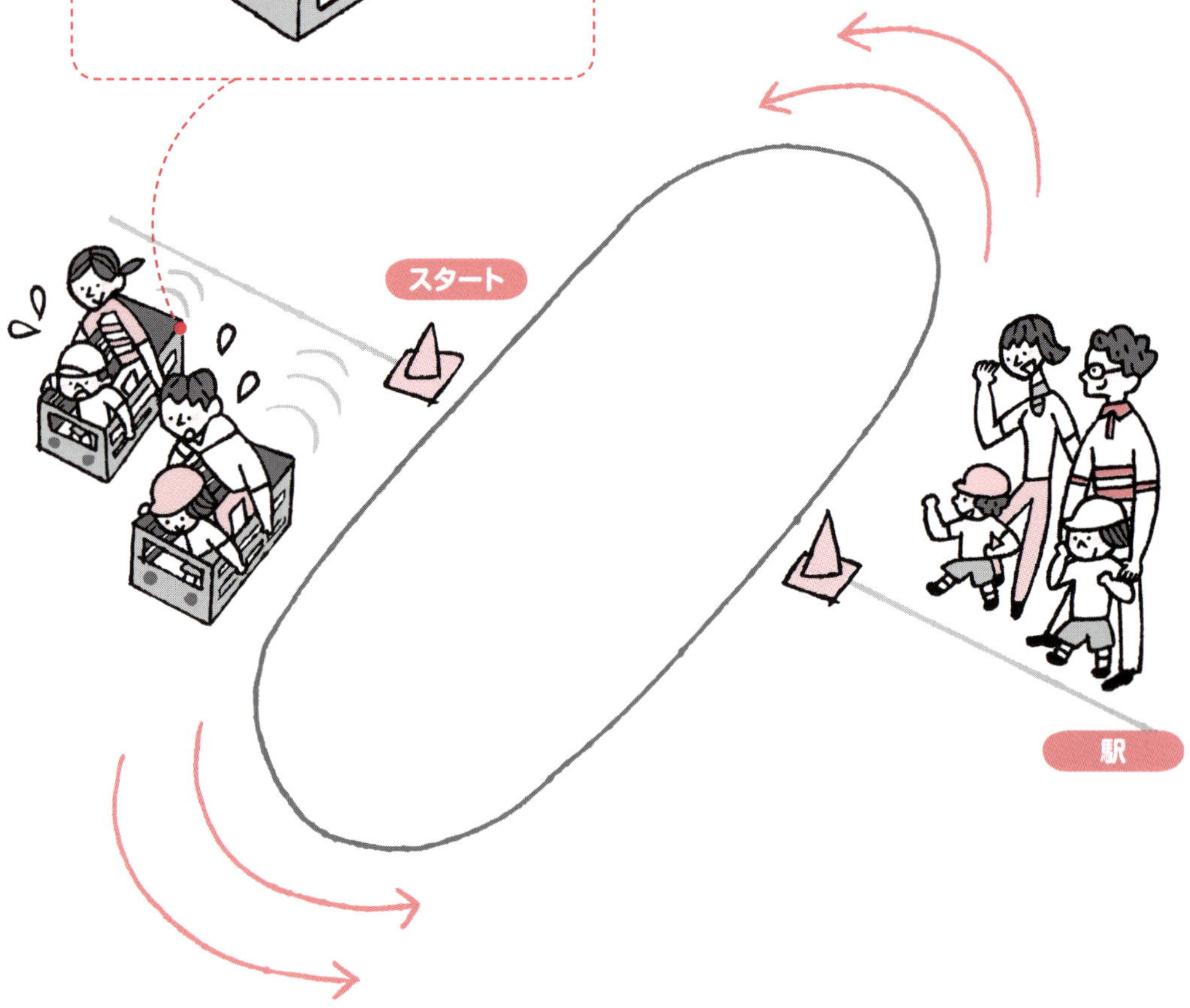

ポイント

- 段ボール箱の電車は、あらかじめ子どもたちと作っておきましょう。
- 普段の遊びのなかで電車に乗って走る練習をしておくと、スムーズに進行できます。

準備する物

（1チームに必要な物）

- 段ボール箱で作った電車……1個
- カラーコーン………2個

案／深沢和宏（きのいい羊達グループ　静岡キッズキングダム）　イラスト／福々ちえ

かごの中の小鳥

保護者の作った鳥かごから、子どもの小鳥が逃げ出そうとするゲームです。

1 保護者が手をつないで輪になり、鳥かごを作ります。子どもは小鳥になり、輪の内側に入ります。

2 保護者は足の位置を動かさずに腰を落としたり手を上下させたりして、子どもが輪の外側へ逃げ出そうとするのをじゃまします。

3 子どもが保護者の間をすり抜け、輪の外へ逃げ出せたら勝ちです。

ポイント

- 保護者は腰を落としたり手を上下させたりして、子どもが逃げ出すのをじゃまします。ただし、足の位置を動かしてはいけません。
- 『かごめかごめ』を流しながら競技を行うと、より楽しみやすくなるでしょう。

案／深沢和宏（きのいい羊達グループ　静岡キッズキングダム）　イラスト／福々ちえ

5歳児
4歳児
3歳児
2歳児
1歳児
未就園児

親子種目 4歳児

でこぼこサッカー

ネットに入れたボールを蹴りながら進む種目です。リレー形式で競走しましょう。

ポイント

- ネットに足が絡んだり入ったりないように、網目の細かなネットを使用します。
- ネットに入れたボールはあまり跳ばないので、たくさんキックしましょう。

子どもと保護者が手をつないで、スタートします。ネット（＊）に入れたボールを蹴りながら、カラーコーンを回ってスタート地点に戻り、次の組と交代します。アンカーの組が先にゴールしたチームの勝ちです。

＊蹴るときに子どもの足が入らないよう、網目の細かい園芸用ネットなどがおすすめです。

ネットの大きさはボール2個の場合、1m×1m、ボール3個の場合、1.5m×1.5mを目安に。口はロープなどで結びましょう。

アレンジ

カラーコーンの間をジグザグに進むコースにしてみましょう。

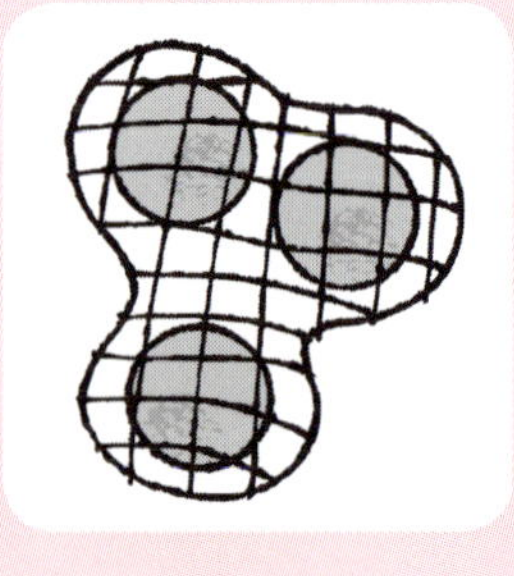

ネットに入れるボールの数を増やしてみましょう。

準備する物
（1チームに必要な物）

- ボール…………2個
- ネット…………1枚
- カラーコーン………1個

案／深沢和宏（きのいい羊達グループ　静岡キッズキングダム）　イラスト／福々ちえ

親子種目

4歳児

大漁祭り

親子で魚を載せたかごを持ち、「さめ」や「波」といった海の障害物を乗り越えながら進みます。親子ペアでバトンタッチをしていき、早くゴールしたチームが勝ちです。

親子で魚を載せたかごを持ってスタートします。
① さめの集団を乗り越え、
② 行く手を遮る波の間をかいくぐって進みます。カラーコーンを回って、
③ 再び平均台を乗り越えて戻り、次の親子にバトンタッチ。アンカーが先にゴールしたチームが勝ちです。

作り方

〈かご〉
- フープにスズランテープを結び付ける
- 結び目の上にクラフトテープを貼り、固定する

〈魚〉
- カラーポリ袋
- くしゃくしゃにした新聞紙を詰める
- 色画用紙
- セロハンテープで留めたりして形を整える

スタート
① 平均台に、さめの絵をたくさんぶら下げます。
② 波役の保育者。ブルーシートや青い布をかぶるか、新聞紙を丸めた棒に青い長めのスズランテープを貼った物を手に持って揺らします。
③ 戻るときは波の妨害はありません。
ゴール

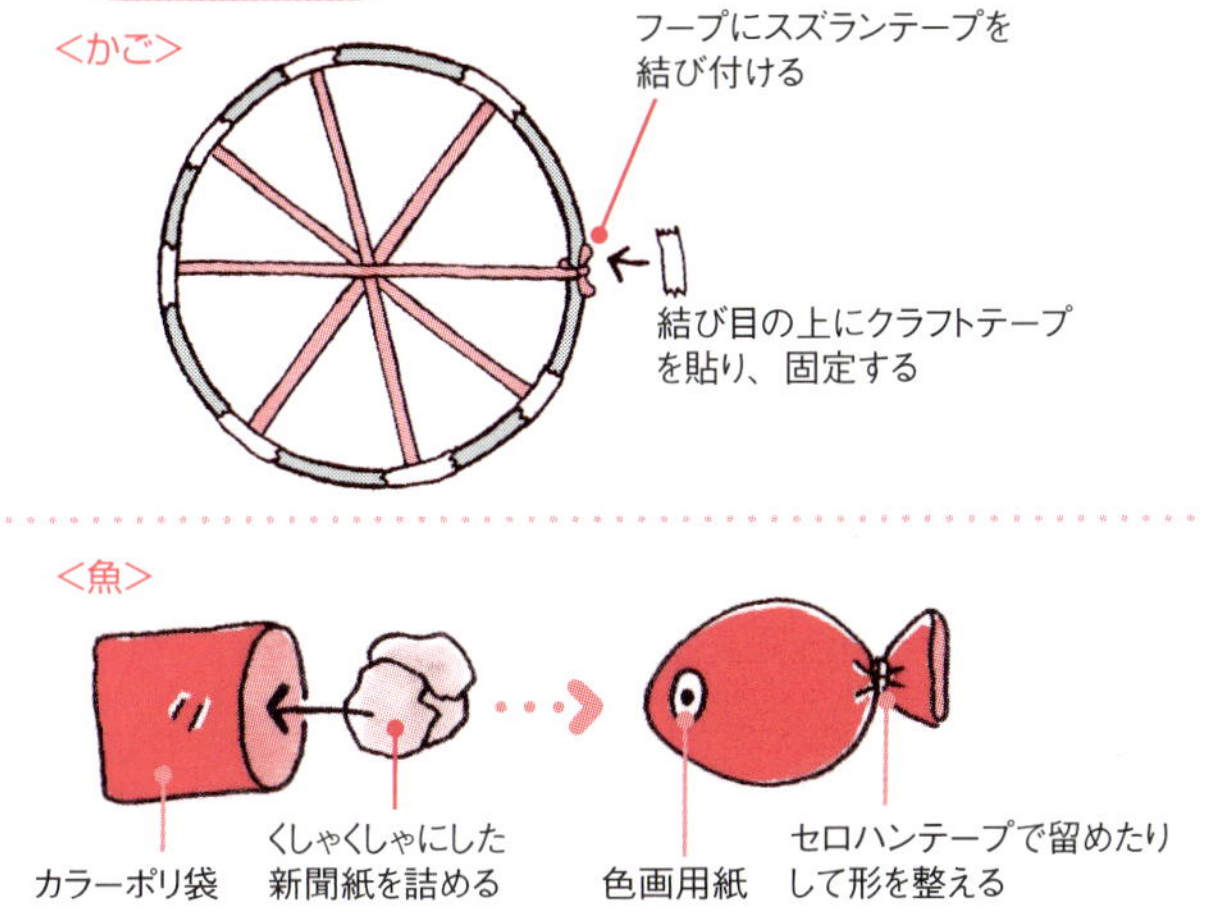

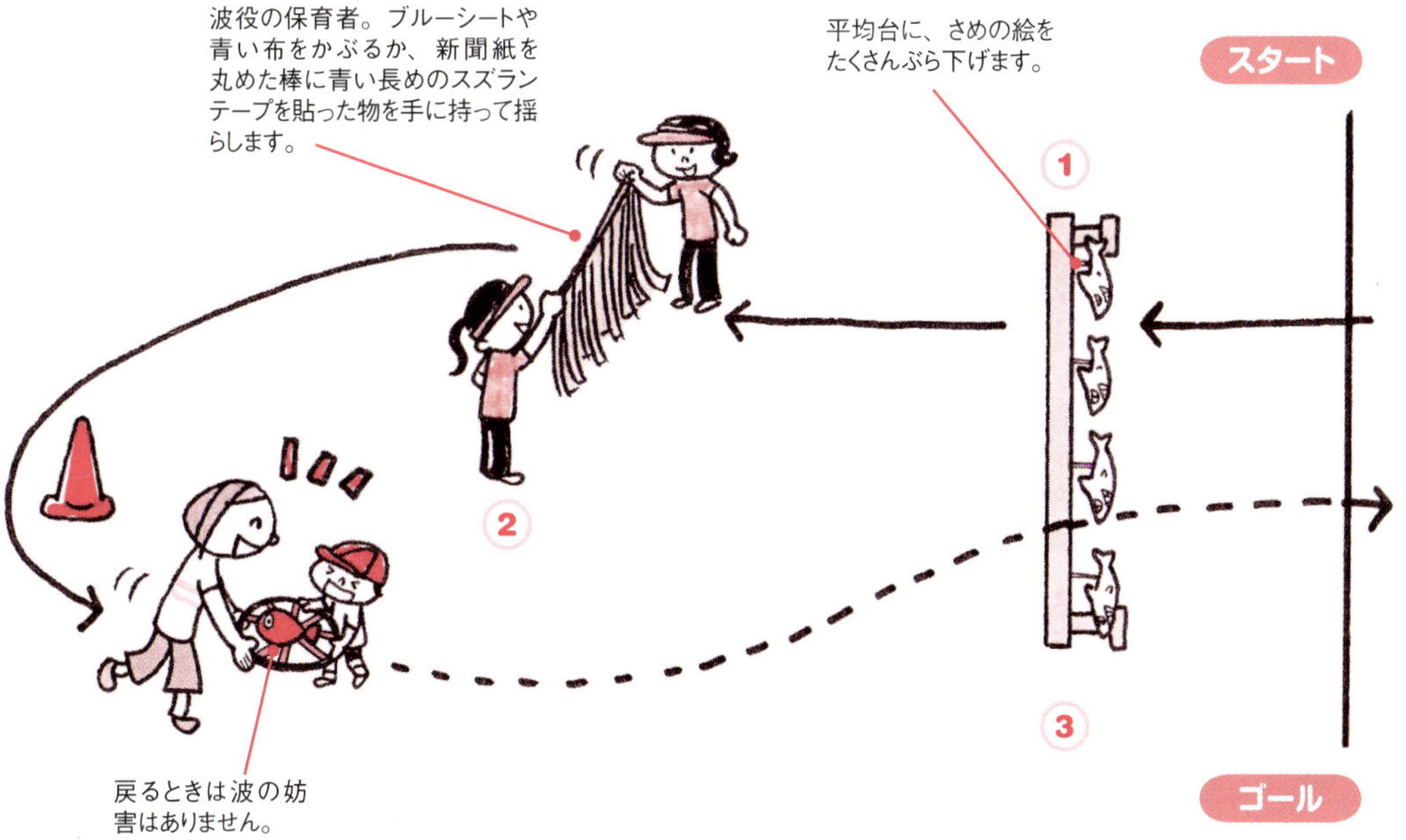

ポイント
- 親子どちらかの手が離れたり、魚が落ちたりしたら、体勢を立て直して、その場から再びスタート。
- ① と ② を変えることで、難易度や楽しみ方を変えることができます。

アレンジ
一本橋に見立てた平均台を追加して、難易度を上げてみましょう。子どもが上を渡って進みます。

準備する物
（1チームに必要な物）
- かご……………1個
- 魚………………1匹
- さめの絵が下がった平均台…1台
- 波………………1セット
- カラーコーン……1個

案／山本美聖（関西あそび工房）　イラスト／みやれいこ

異世代種目

4歳児

引いた数だけ魚釣り

くじ引きで魚の数が決まる楽しい種目。慌てると魚が落ちそう！ 慎重に運びましょう。

1 池に魚を散らして、そばにくじ引きの箱と、カラーコーンを設置します。走者は異世代でペアを組みます。

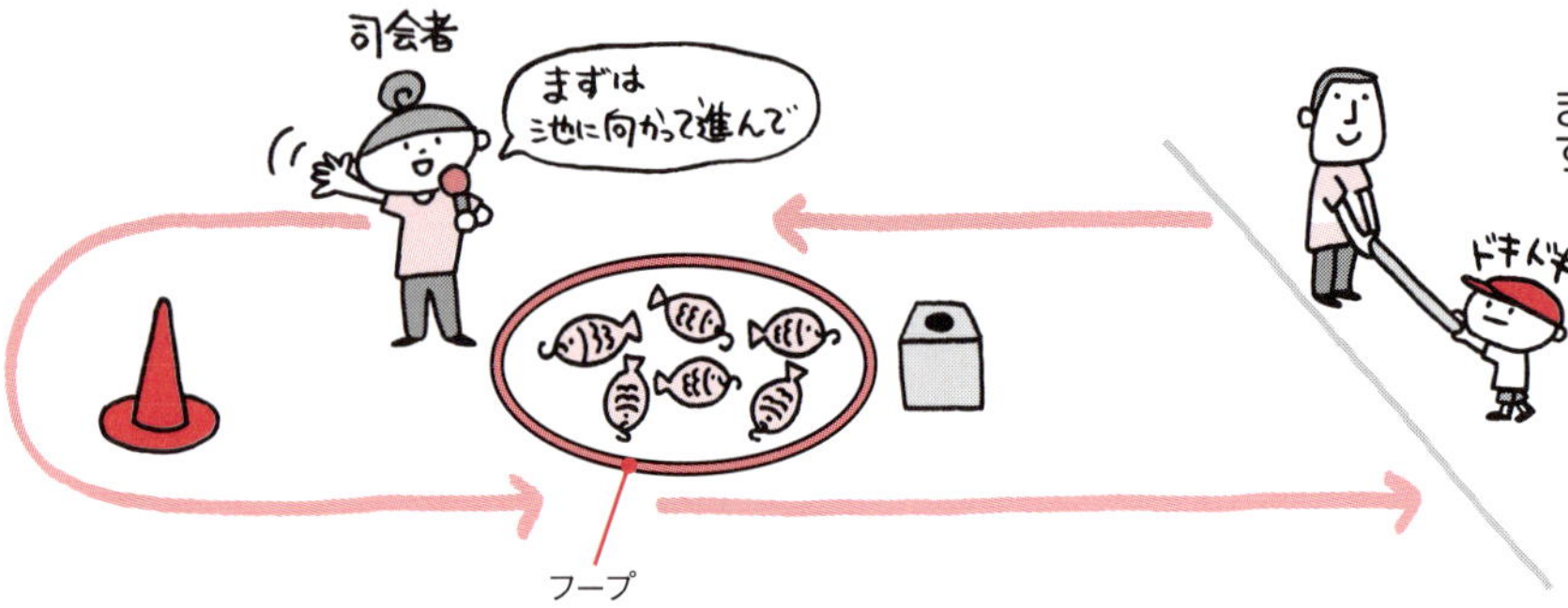
司会者
まずは
池に向かって進んで
ドキドキ
フープ

2 ペアはそれぞれ新聞紙棒の端を持ちスタート。池まで走ったら、くじを引き、司会者に数字を読みあげてもらいます。

○○チーム
5匹です

3 数字の数だけの魚を、ペアで協力して子どもが新聞紙棒に引っ掛けます。

あと1匹だよ
うん

4 魚をぶら下げたまま進み、カラーコーンを回ります。

ぐる〜ん

5 池に魚を返してスタート地点に戻り、次の組と交代します。アンカーの組が先にゴールしたチームの勝ちです。

ポイント

- 新聞紙棒は子どもが持って走りやすい高さになるよう、大人が加減します。
- BGMに「おさかな天国」（作詞／井上輝彦　作曲／柴矢俊彦）などを使うと、会場も盛り上がります。

準備する物

（1チームに必要な物）

- フープ……1本
- S字フックを付けた魚……数匹
- 新聞紙棒……1本
- 数字が書かれたくじ……適宜
- くじ引きの箱……1箱
- カラーコーン……1個

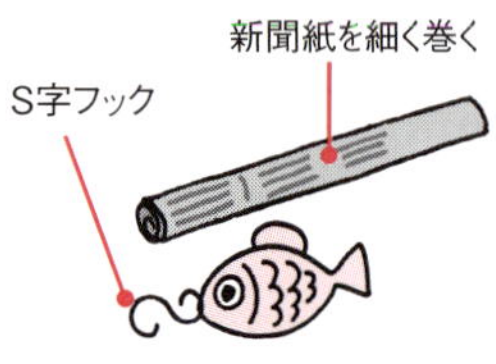
新聞紙を細く巻く
S字フック

案／山本美聖（関西あそび工房）　イラスト／北村友紀

異世代種目

4歳児

サンドイッチの玉入れレース

時間内に玉をいくつ移動させられるかな？　チームで数を競うのが楽しい種目です。

1

A地点にフープと玉を、B地点にはフープのみを設置します。走者はチームに分かれ、異世代でペアを組みます。各自うちわを持ってスタートします。

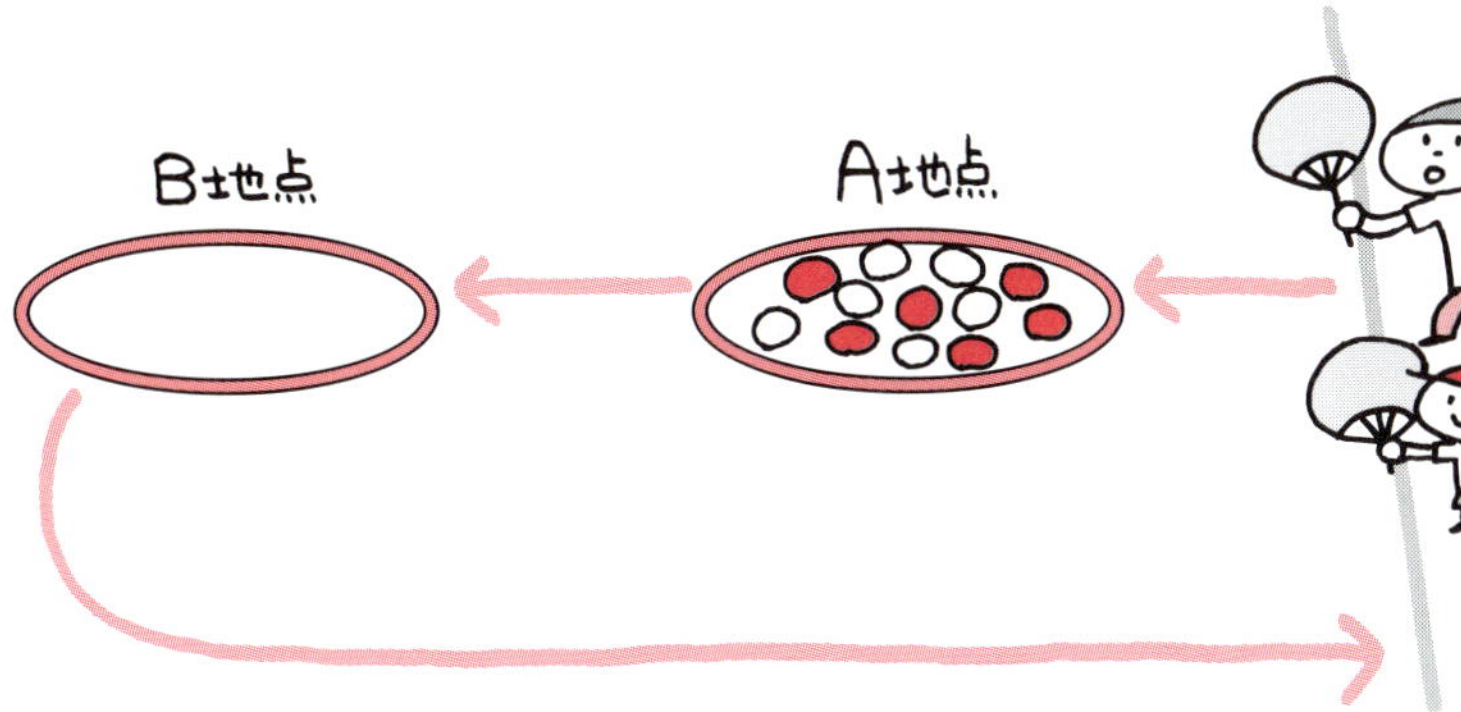

2

A地点で、2人のうちわで玉をサンドします。玉の数は挟めるだけ挟んでOK。

3

玉をサンドしたままB地点へ急いで運んだら、フープの中に落とします。フープの外へ落ちてしまった玉もうちわで拾って入れましょう。

4

スタート地点に戻り、うちわを次の組へ渡して交代します。これを制限時間まで繰り返して終了です。B地点のフープの玉の数が多いチームの勝ちです。

ポイント

- 2人でいくつ挟めるか、落とさないように運べるかなど、判断力と集中力が必要です。
- ペア同士の力加減と呼吸を合わせます。
- 時間制限があるので、運べる量とスピードをチーム内で相談しましょう。
- 1回に運べるのは1個までにして、時間内になん度も往復するというルールで競ってもよいでしょう。

準備する物

（1チームに必要な物）

- うちわ ………… 2本
- 玉入れ用の玉 …… 多数
- フープ ………… 2本

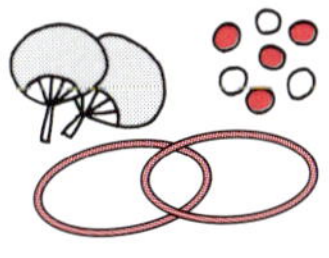

案／山本美聖（関西あそび工房）　イラスト／北村友紀

異世代種目

4歳児

勝っても負けてもだ〜い好き!

大人と子どもがじゃんけんをして、勝敗に応じた動作をします。誰にでもわかりやすく、体を使って異世代が触れ合えるところが魅力です。

1

大人と子どもが並んでスタート。いっしょに走って、「じゃんけんゾーン」に着いたら向かい合ってじゃんけんをします。

2

じゃんけんで子どもが勝ったら、大人が子どもを足の甲に乗せて、一周回ります。子どもが負けたら、大人の肩を10回たたきます。

3

じゃんけんを規定の回数（1〜3回程度）繰り返し、終わったチームは、手をつないでいっしょにゴールを目ざします。

ポイント

- じゃんけんをする回数は、参加人数や競技時間に応じて設定しましょう。

案／丸山政敏（足利短期大学）　イラスト／タカタカヲリ

3歳児の種目

団体種目

- 怪獣をやっつけろ！……46
- ゆらゆらおさる……47
- プカプカボール運び……48
- おばけ倒し……49
- おいもを探せ……50
- 追いかけろ〜！……51

個人種目

- やんちゃっこ競走……52
- 輪投げでGET！……53
- ほうきでサッサ！おそうじ競走……54
- 動物なりきりかけっこ……55
- ごはんをどうぞ……56
- さんまのつかみどり！……57

親子種目

- すいすいお魚リレー……58
- タオル挟み競走……59
- ビリビリおに……60
- お尻でとおりゃんせ……61

異世代種目

- りんりんりん♪朝ですよ……62
- 大きなおすしを作りましょ！……63
- すてきなメガネ…64

団体種目

3歳児

怪獣をやっつけろ！

段ボール箱で作った怪獣に玉を投げて、みんなでやっつけよう！　怪獣のどの部分を狙えば早く倒れるか、作戦を立ててみましょう。

段ボール箱を4つ重ねて「怪獣」を作ります。サークルの中央に、怪獣を設置。スタートの合図で、サークルの外から怪獣目がけて玉を投げます。早く怪獣を崩したチームが勝ちです。

ポイント

- 怪獣の箱は、少しずらして重ねるなど、崩れやすい積み方をするとよいでしょう。
- サークル内に入った玉は、子どもが投げやすいように、保育者が外に出してあげましょう。

準備する物

（1チームに必要な物）

- 段ボール箱4個で作った怪獣 ………………… 1セット
- 玉入れの玉 ………… 適宜

案／深沢和宏（きのいい羊達グループ　静岡キッズキングダム）　イラスト／北村友紀

団体種目

3歳児

ゆらゆらおさる

ゆらゆらしているおさるさんをペアで運びます。ペアになった友達と協力して、おさるさんを落とさないように同じペースで走るのがこつ！

ペアになって並びます。スタートの合図で先頭の2人はさおを持ち、おさるさんを引っ掛けて走り出します。途中でおさるさんが落ちたら、さおに引っ掛け直してから走ります。カラーコーンを回ってゴールに戻って来たら、次のペアにおさるさんとさおを渡してバトンタッチ。アンカーが先にゴールした組が勝ちです。

ポイント

- おさるさんは、しっぽからぶら下げます。
- おさるさんのしっぽが切れないように、段ボールなどで補強しましょう。

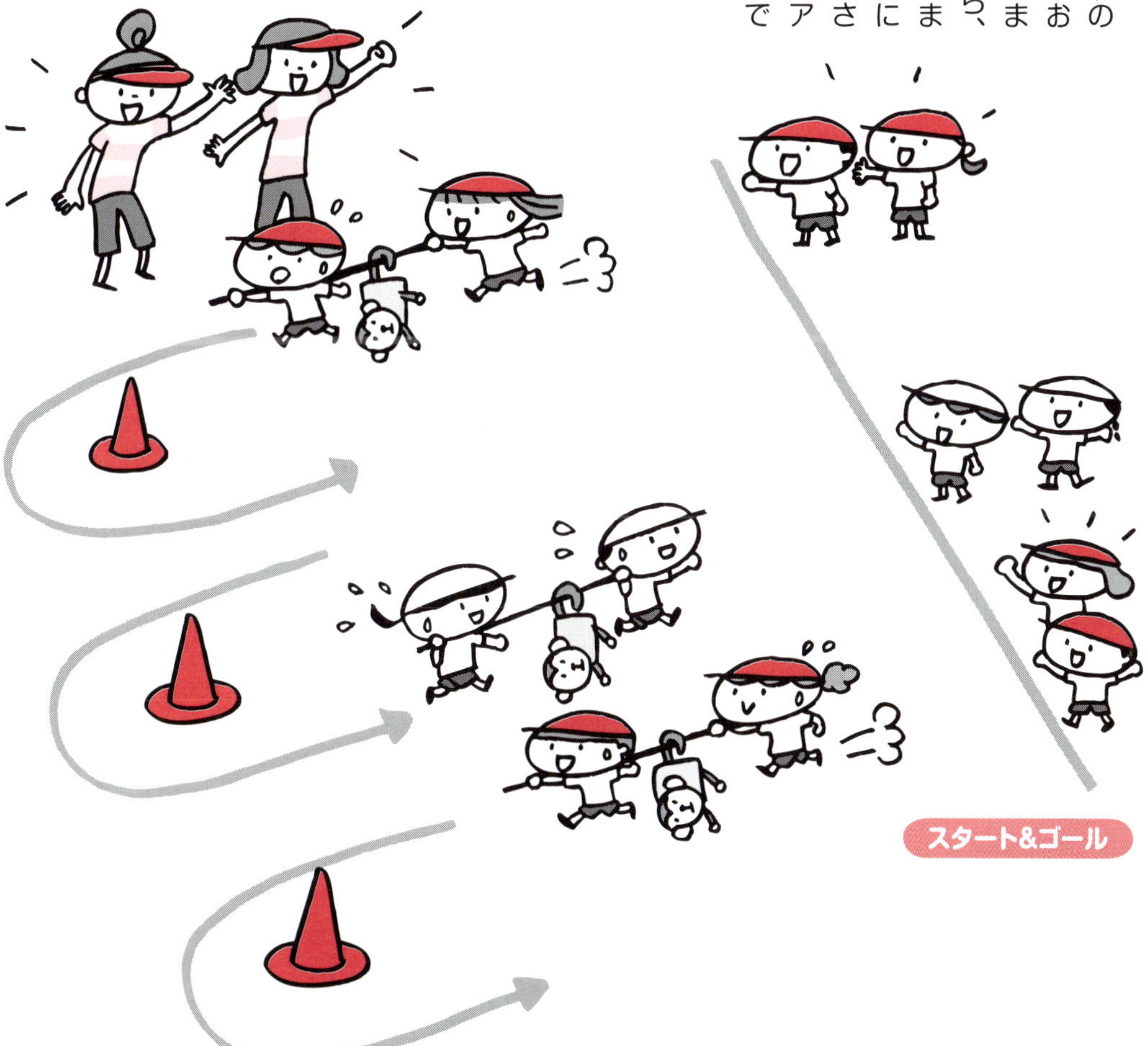

準備する物

（1チームに必要な物）

- おさるさん …………1匹
- さお …………………1本
- カラーコーン………1個

おさるさんの作り方

1

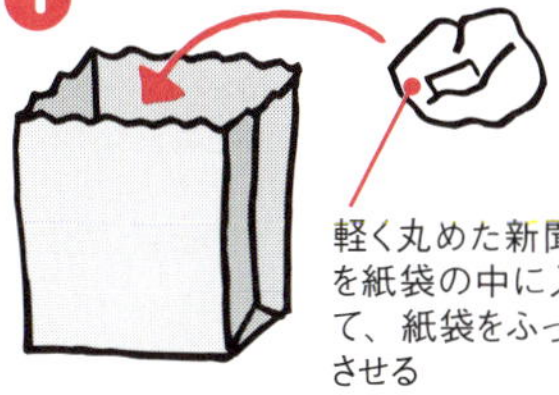

軽く丸めた新聞紙を紙袋の中に入れて、紙袋をふっくらさせる

2

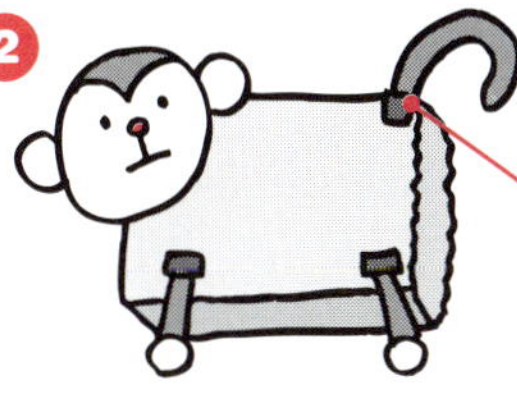

おさるさんの顔、手、足、しっぽは段ボールで作り、布クラフトテープでしっかり貼り付ける

案／深沢和宏（きのいい羊達グループ　静岡キッズキングダム）　イラスト／北村友紀

団体種目

3歳児

プカプカボール運び

頭にペットボトルの帽子をかぶって、不安定に動くボールを落とさないように運ぶリレーです。慎重に、でもスピーディーに運びましょう。

子どもは、ペットボトルの帽子を頭にかぶってスタンバイ。スタートの合図で、先頭の子どもは帽子にカラーボールを入れて走ります。途中でカラーボールが落ちてしまったら、拾って帽子に入れ直して走ります。カラーコーンを回ってスタートラインに戻ったら、カラーボールを渡してタッチ。アンカーが先にゴールしたチームが勝ちです。

ペットボトルの帽子の作り方

カラーボールがペットボトルからちょっとはみ出すくらいの高さで
2ℓのペットボトルを筒型にカットして、ひもを付けて結ぶ。カットした所は、ビニールテープで保護する

スタート&ゴール

準備する物

（1チームに必要な物）

- カラーボール……… 1個
- 2ℓの角型ペットボトルの帽子 …………………… 人数分
- カラーコーン……… 1個

ポイント

- 保育者はカラーボールが落ちたり、遠くへ行ってしまったら、すばやく拾って子どもに戻してあげましょう。

案／深沢和宏（きのいい羊達グループ　静岡キッズキングダム）　イラスト／北村友紀

おばけ倒し

みんなでおばけ目がけて玉を投げて、やっつけちゃう競技です。上手におばけの的に当てられるかな?

保育者は的の付いたさおを持ってスタンバイ。スタートの合図で、保育者はさおを回して的を立て、子どもたちは一斉に的をめがけて玉を投げます。全部の的に当たったら、保育者は、さおを回して再びおばけの的を立ち上げます。時間内にたくさんおばけの的を倒したチームの勝ちです。

ポイント

- いろいろな顔のおばけの的を作りましょう。
- 年齢によって的の高さや、投げる距離を変えて行えます。

おばけの的の付け方

牛乳パックをクラフトテープでさおに固定する

さおからの長さがどのおばけも同じになるように、クラフトテープの長さを調節して取り付ける

おばけの的の作り方

1 1/3にカットした牛乳パックに筒状にした新聞紙を入れて、クラフトテープで固定。

2 厚紙で作ったおばけを筒に貼り付けます。牛乳パックの両脇を折り込んでつぶし、切り口はクラフトテープで留めます。

準備する物

- おばけの的…………適宜
- さお…………………1本
- 玉入れの玉…………適宜

案／深沢和宏（きのいい羊達グループ　静岡キッズキングダム）　イラスト／北村友紀

団体種目

3歳児

おいもを探せ

おやおや…いろいろな所に、おいもが隠れているよ。みんなでおいもをたくさん見つけよう。

1 マットやカラーコーン、バケツなどをランダムに置いて並べ、その下においもを隠します。

2 2チーム（人数によってチーム数を増やす）に分かれて、スタートの合図で隠されたおいもを探します。

3 見つけたおいもはチームのかごに入れます。制限時間がきたら、保育者といっしょにおいもを数え、おいもの数が多いチームの勝ちです。

ポイント

隠されたおいもの数が多いほど、子どもたちの探す楽しみが増えます。おいもは、1人につき1個以上見つけられるよう、十分な数を用意しましょう。

準備する物

（1回のゲームに必要な物）

- おいも
- バケツ
- マット
- 段ボール箱
- カラーコーン
- かご…チーム数分

※かご以外適宜

おいもの作り方

1 新聞紙を広げ1枚を半分に切ります。
※子どもたちといっしょに作りましょう。

2 丸めておいもの形にします。

3 茶色の絵の具などで色を塗り、乾いたら完成です。

案／深沢和宏（きのいい羊達グループ　静岡キッズキングダム）　イラスト／北村友紀

団体種目

3歳児

追いかけろ〜！

ちょっと変わった玉入れに挑戦！　かごが動くから、しっかりと狙いを定めて玉を入れましょう。

1. 保育者が、かごを背負います。
2. スタートの合図で子どもたちは、かごを背負った保育者を追いかけて玉を入れます。
3. 終了の合図で、かごの中に入った玉を数えて、多かったチームの勝ちです。

ポイント

- かごの位置が高いと玉を入れるのが難しいので、かごは腰の高さぐらいにしましょう。
- 保育者は、子どもの様子を見ながら逃げるスピードを変えましょう。

アレンジ

玉を入れる子どもたちの様子を見ながら、保育者は逃げる速度を調節しましょう。「チャンスタイム！」などを作って、保育者がゆっくり逃げたりすると盛り上がります。

準備する物

（1回のゲームに必要な物）

- 玉入れの玉…………適宜
- かご…………………2個

案／深沢和宏（きのいい羊達グループ　静岡キッズキングダム）　イラスト／北村友紀

個人種目

3歳児

やんちゃっこ競走

ボールキックや川越え、新聞紙破りで、やんちゃぶりを十分に発揮できる楽しい種目です。

①「デカボールキック」、②「テープの川」、③「新聞紙破り」の3つのエリアを5～6m間隔で設定します。スタートの合図で先頭の子がスタートして、3つのエリアを進みます。1人がゴールしたら、保育者の合図で次の子がスタート。全員が走り終えたら終了です。

③ 新聞紙破り
新聞紙はピンと張って持ち、破りやすくしておきます。

② テープの川
スズランテープの両端を棒に留めます。

① デカボールキック
ストレッチ用のボールにひもを付け、ひもは布クラフトテープなどでしっかり留めます。

ポイント

- ①ストレッチ用のボールとひもは布クラフトテープでしっかり留めて、保育者が持って補助します。
- ②「テープの川」の幅は30㎝ぐらい。高さは子どもがまたげる程度の高さにしましょう。
- ③「新聞紙破り」は、新聞紙の両端を保育者が持ちます。

準備する物

（1コースに必要な物）

- ストレッチ用のボール(直径約70㎝)……1個
- ひも
- 新聞紙……人数分
- スズランテープ
- 棒……2本

案／深沢和宏（きのいい羊達グループ　静岡キッズキングダム）　イラスト／北村友紀

個人種目

3歳児

輪投げでGET!

お祭りで大人気の輪投げを取り入れた種目です。輪を投げる子どもたちの真剣な表情に注目です!

ペットボトルを立てた池を設定して、コースの途中に輪を置きます。

1. スタートの合図で、輪のある所まで走って行きます。
2. 輪を取って池まで進みます。
3. ペットボトル目がけて輪を投げます。うまく入らない場合は、入るまで挑戦させましょう。

輪の作り方

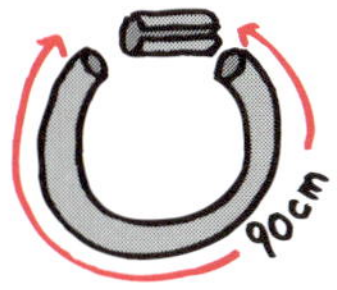

①長さ90cmのホースで輪を作り、2、3cmに切ったホースに切り込みを入れて、ジョイント部分を作ります。

②ジョイントでつなげた部分が取れないように、クラフトテープを巻きます。

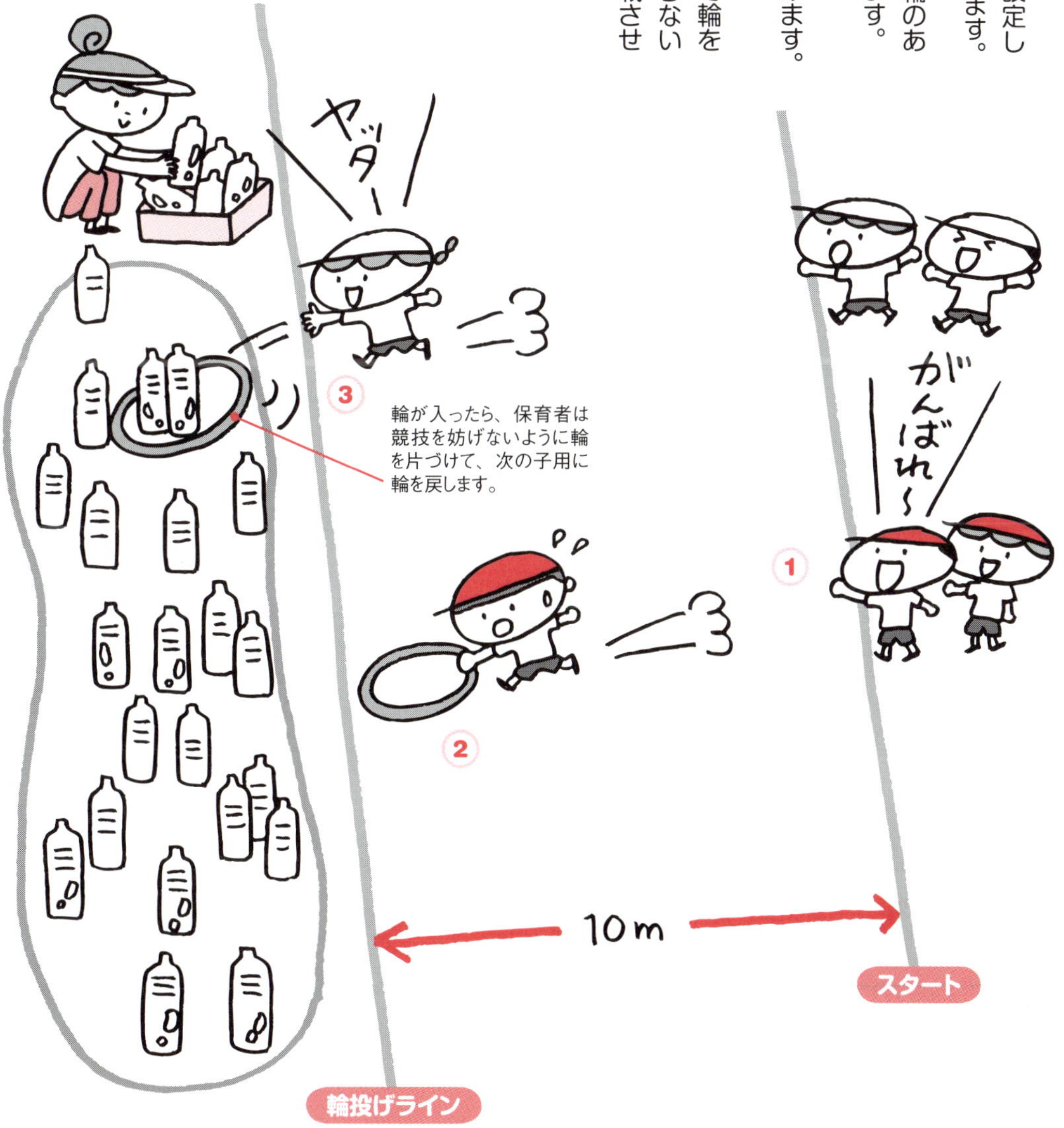

ポイント

- 保育者は輪をペットボトルにうまく入れられた子には、輪を取りながら「おめでとう!」と声をかけましょう。
- なかなか輪が入らない子どもには、声かけをして声援を送ったり、補助したりしましょう。

準備する物

（1回のゲームに必要な物）

- ペットボトル（500mℓ）……………… 25本程度
- 輪 ……………………組数分

案／深沢和宏（きのいい羊達グループ　静岡キッズキングダム）　イラスト／北村友紀

個人種目

3歳児

ほうきでサッサ！ おそうじ競走

ほうきではきながらビーチボールを運んでいく競技です。ボールを上手にはかないと、ボールは前に進みません。前へ！ 前へ！ ちゃんと進めるかな？

子どもはエプロンと三角巾を身に着けます。スタートの合図で、ほうきでビーチボールをはきながら進みます。カラーコーンの周りを1周回ってから、ゴールを目ざします。

ポイント

- 室内の場合は、ビーチボールの代わりに風船を使ってもよいでしょう。
- 保育者は、ビーチボールがコース外へ行ってしまったら、元に戻してあげましょう。
- 三角巾は、布を三角に切って人数分を作ってもよいでしょう。

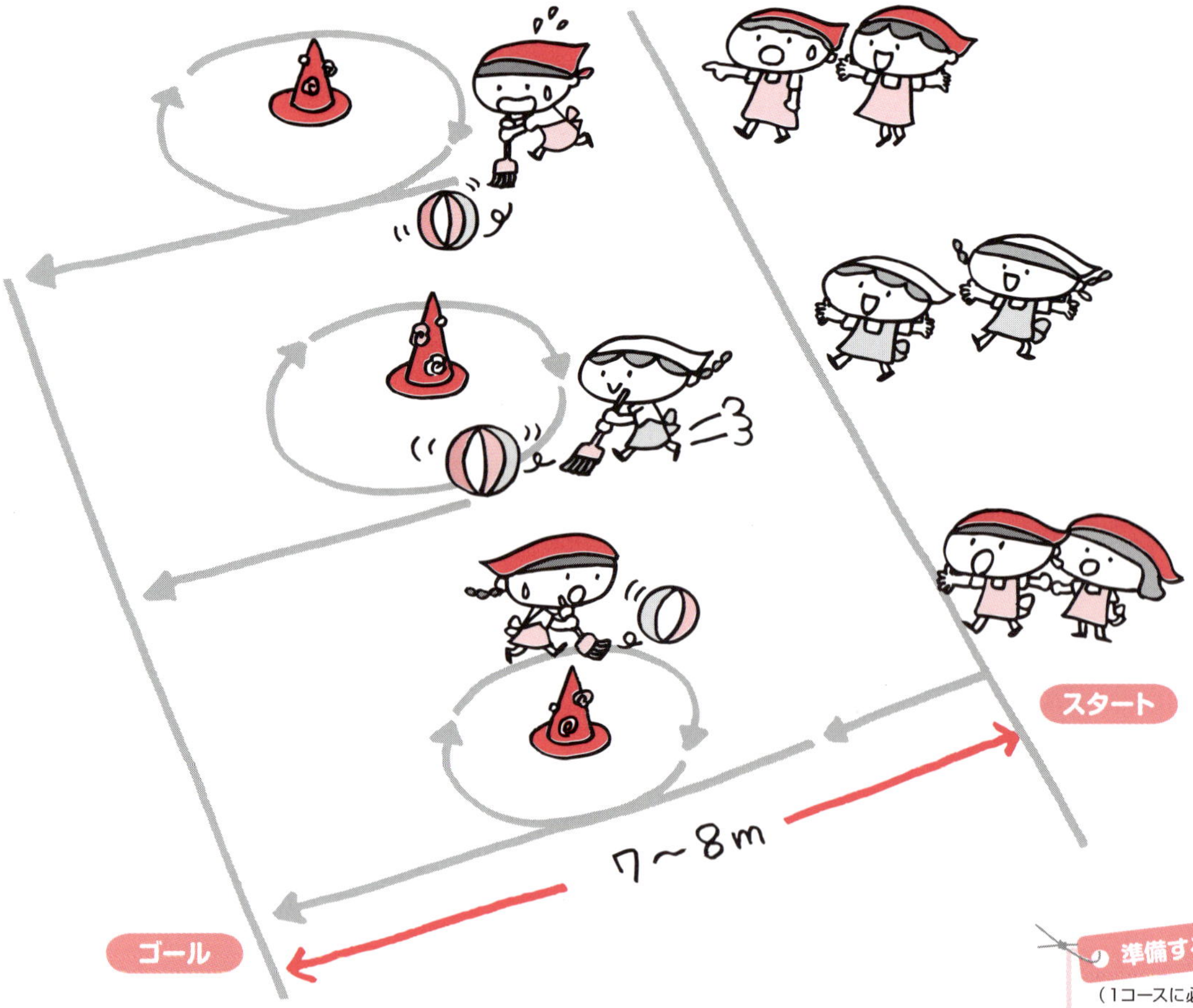

準備する物

（1コースに必要な物）

- エプロン……人数分
- 三角巾……人数分
- ほうき……1本
- 30～40㎝大のビーチボール……1個
- カラーコーン……1個

案／深沢和宏（きのいい羊達グループ　静岡キッズキングダム）　イラスト／北村友紀

個人種目

3歳児

動物なりきりかけっこ

のそのそ歩くかめさん、ぴょんぴょん跳ねるうさぎさん、羽を広げて飛ぶ鳥さん。動物になりきって走る競技です。シャッターチャンスもいっぱい！

1 スタートの合図で、最初は普通に走ります。

2 「かめゾーン」で両手足と膝をつき、かめのまねをして、のそのそと進みます。

3 「うさぎゾーン」では、手でうさぎの耳を作って、ぴょんぴょん跳ねて進みます。

4 「鳥ゾーン」では、両手を広げて鳥になって、ゴールまで進みます。それぞれのゾーンで動物に変身しながら、なりきって走りましょう。

ポイント

かめ、うさぎ、鳥の各ゾーンがわかるように、大きな絵を描いて立てかけたり、旗を立てて置いておくなど、工夫するとよいでしょう。

準備する物

（1回のゲームに必要な物）

- 動物を描いた色画用紙……3枚
- 旗立て台……3個
- ポール……3個

案／深沢和宏（きのいい羊達グループ　静岡キッズキングダム）　イラスト／北村友紀

個人種目

3歳児

ごはんをどうぞ

りすにごはんをあげる、かわいらしい種目です。簡単なルールなので、楽しみながら競技を進めることができます。

ポイント

- かけっこをする楽しさを味わいます。
- 大勢のお客さんが見守るなかでも、緊張せずに取り組めます。

1

コースの中央にりんごを付けた木、ゴール近くにりすを設置します。それぞれ保育者がそばに立ちましょう。子どもは、4、5人ずつで一斉に走ります。

2

スタートの合図で、りんごの木へ走り、りんごを1つ取ってから、先へ進みます。

3

ゴール手前のりすの口へ、りんごを入れたらゴールへ。走者全員がゴールしたら、保育者が木にりんごを付け直し、次の走者がスタートします。

作り方

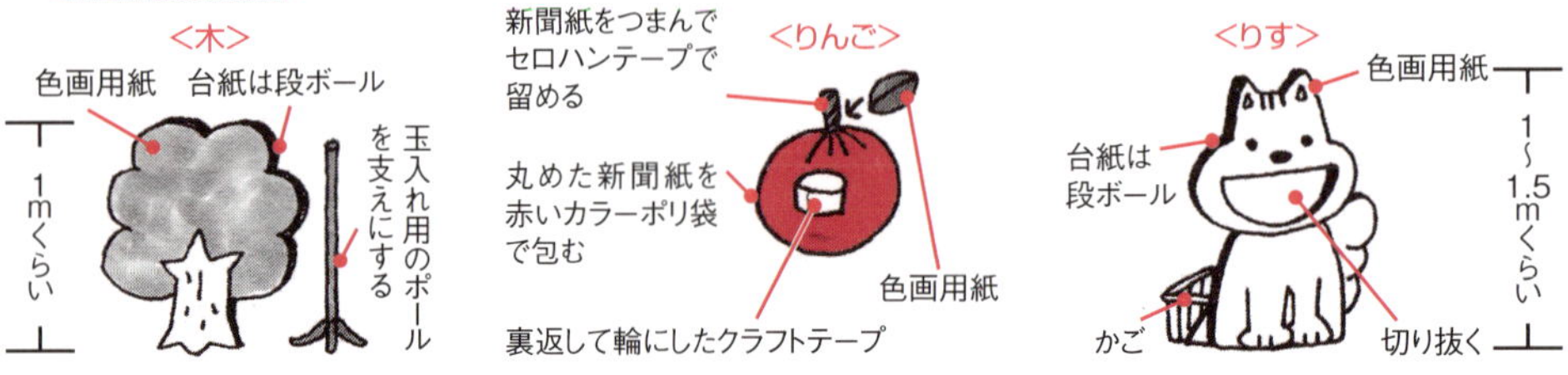

準備する物

(1回のゲームに必要な物)

- 木……………………1本
- りんご………………人数分
- りす…………………1匹

案/福田りゅうぞう(カエルちゃんOFFICE)　イラスト/みやれいこ

個人種目

3歳児

さんまのつかみどり！

ゆらゆらと動く海を追いかけながら、さんまを目ざして元気に走りましょう。リレー形式にしても、盛り上がります。

1 スタート地点の横に焼き網を置き、コースの先には保育者2人が海に見立てたブルーシートを持って立ちます。子どもたちは3チームくらいに分かれます。

2 スタートの合図で、走者は保育者がゆらゆらさせている海に向かって走ります。海にくっついているさんまを1匹つかんでスタート地点に戻ります。

3 スタート地点の横の網にさんまを載せてゴールします。

ポイント

- 海に見立てたブルーシートを持つ保育者2人は、子どもがさんまを取る際に、ブルーシートを揺らして、少し動きをつけます。

作り方

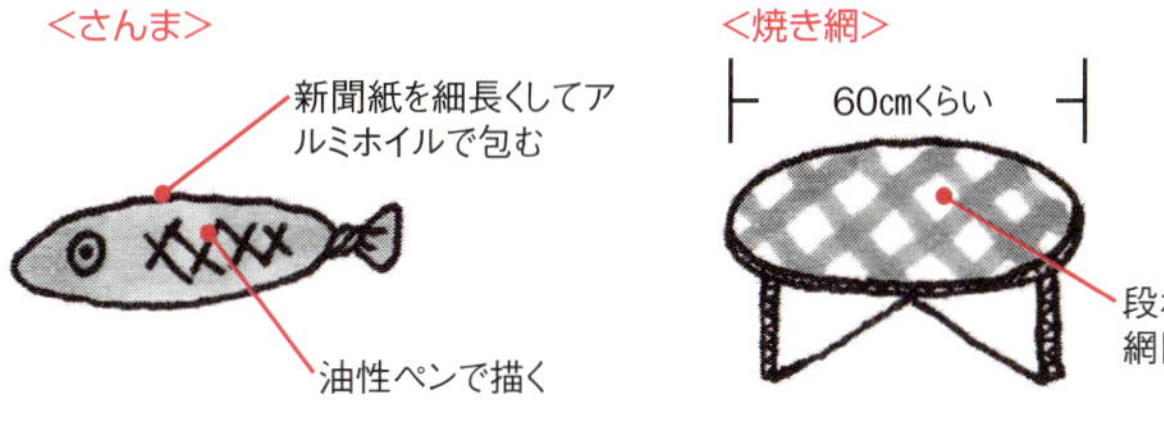

準備する物

（1回のゲームに必要な物）

- さんま……………………人数分
- 焼き網……………………1個
- ブルーシート……………1枚

案／福田りゅうぞう（カエルちゃんOFFICE）　イラスト／みやれいこ

親子種目

3歳児

すいすいお魚リレー

保護者が向かい合わせに並んで川になり、子どもの魚をつぎつぎに渡していくリレー種目です。

1

子どもが全員入れる大きさの円を描いておきます。円の前に保護者が向かい合わせで2列に並び、子どもは1列に並びます。

2

向かい合った保護者は、2人で子どもの背中と膝裏を支えて抱き上げます。

3

保護者は同じ抱き方でつぎつぎと子どもを後ろへ渡していき、最後の人は子どもを円の中に降ろします。子どもは円の中で待ち、全員が早く円の中に入ったチームの勝ちです。

ポイント

- 子どもの表情を見ながら行います。怖がっている子どもには、優しく声をかけてあげましょう。
- 慌てて子どもを落としたりしないよう、保護者に伝えておきましょう。

案／深沢和宏（きのいい羊達グループ　静岡キッズキングダム）　イラスト／北村友紀

親子種目

3歳児

タオル挟み競走

足に挟んだタオルが落ちないように、保護者と子どもがいっしょに走ります。

①
子どもと保護者は、手をつないで並びます。

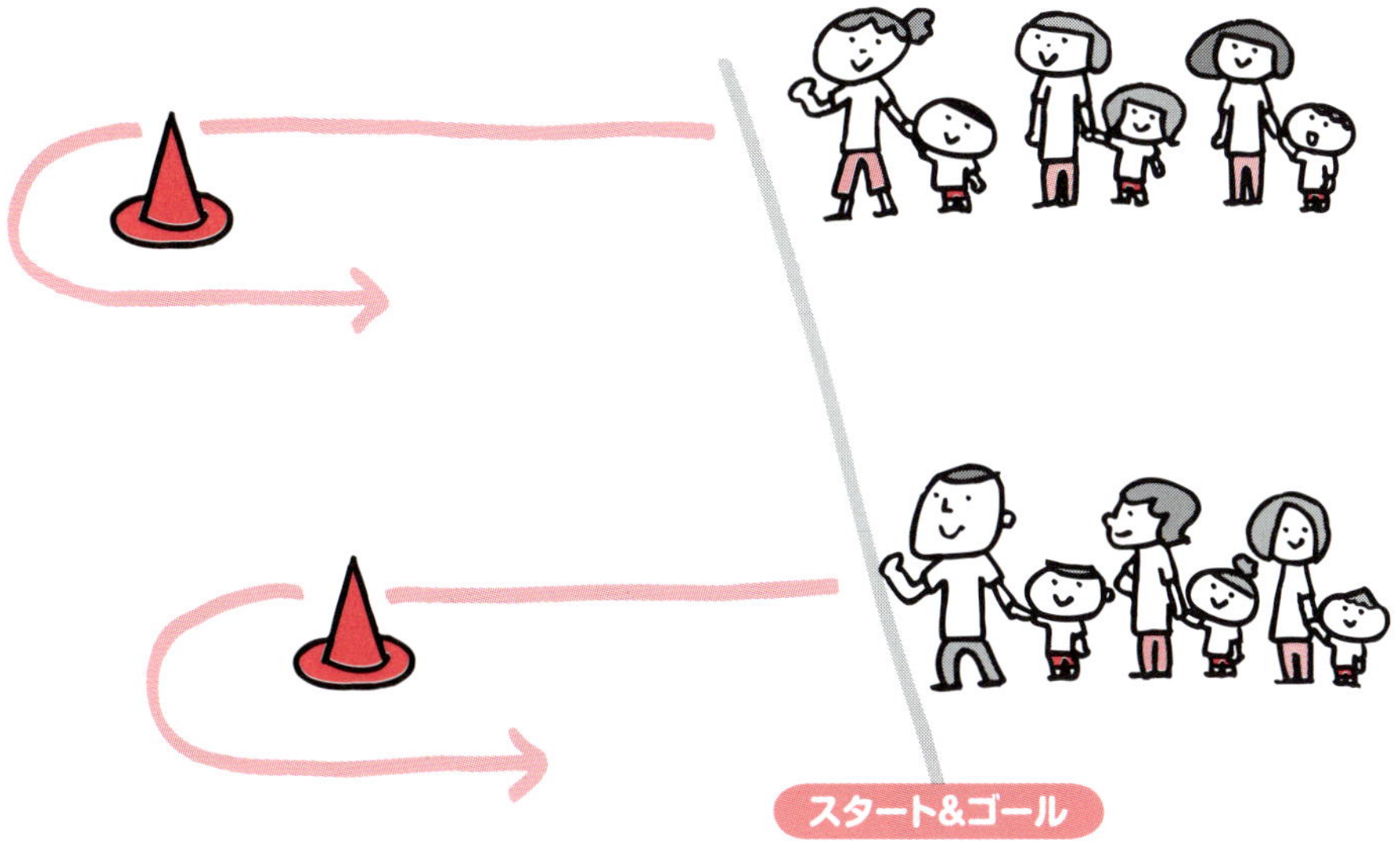

②
スタートの合図で、保護者はタオルを足の間に挟み、後ろの端を子どもが持って進みます。カラーコーンを回ってスタート地点に戻り、次の組にタオルを渡して交代。アンカーの組が先にゴールしたチームの勝ちです。

ポイント

- 子どもには、強く引っ張るとタオルが抜けてしまうことを伝えましょう。
- タオルが落ちたり、抜けてしまったりした場合は、その場所まで戻ってタオルを挟んで続けます。

準備する物

（1チームに必要な物）

- タオル……………………1枚
- カラーコーン…………1個

案／深沢和宏（きのいい羊達グループ　静岡キッズキングダム）　イラスト／北村友紀

親子種目

3歳児

ビリビリおに

自分たちの新聞紙が破れないように守りながら、相手の新聞紙を破りにいく競技です。

子どもと保護者で新聞紙を持ち、他のペアの新聞紙を破りにいきます。新聞紙が破れてしまったら負けです。

ポイント

- 子どもと保護者は、新聞紙が破れないようにお互いにスピードや動きを合わせましょう。

アレンジ

新聞紙の代わりに、紙テープを使ってみましょう。新聞紙よりも細くて破れやすいので、難易度が上がります。

準備する物

（1チームに必要な物）

- 新聞紙 …………1枚

案／深沢和宏（きのいい羊達グループ　静岡キッズキングダム）　イラスト／北村友紀

お尻でとおりゃんせ

保護者がお尻でじゃまをする道を、子どもがもみくちゃにされながら通り抜けていくゲームです。

1

保護者は背中合わせで2列に並び、保護者が作った列の間を子どもが通り抜けます。

2

保護者は、お尻を突き出して、通り抜けようとする子どものじゃまをします。

3

子どもはもみくちゃにされながらも、通り抜けます。

ポイント

- 保護者には、あまり強くお尻を突き出さないように伝えておきましょう。
- 子どもには、しゃがんで通らないように伝えましょう。

案／深沢和宏（きのいい羊達グループ　静岡キッズキングダム）　イラスト／北村友紀

異世代種目

3歳児

りんりんりん♪ 朝ですよ

鈴の音で動物たちが目を覚まします。ゆったりと楽しめるよう、3歳児にも走りやすいコースで行いましょう。

準備する物

（1チームに必要な物）

- 机……………………1台
- ペットボトル……5種類程度（動物の形に装飾）
- 鈴……………………1個（50㎝程度のひもを付ける）

1

チームに分かれ、異世代でペアを組みます。2人で鈴に付いているひもの端を持ちます。

目覚ましは
大きな音でねー
がんばるよ！

CHECK!

ペットボトルの形やサイズ（500mℓ、1.5ℓなど）はなんでもOK。

2

ひもを揺らしたりして、鈴を鳴らしながら、机に向かって進みます。

リン
リン
リン

ポイント

- 鈴の音を楽しみながら競技できるよう、進行しましょう。
- 起こした動物の並べ方に、子どもの個性が見えてきます。

3

「朝ですよー」と声をかけながら、机の上に倒してある動物を全て起こしたら、スタート地点に戻り、鈴のひもを渡して次の組と交代します。保育者は、次の走者のために動物を再び倒しておきます。これを繰り返して、アンカーの組が先にゴールしたチームの勝ちです。

みんな
起こして
あげてね
朝ですよー

アレンジ

ゴール
スタート

リレー形式ではない直線コースにする場合は、バトンを使う必要がないので、鈴はコースの途中に取り入れてみましょう。子どもがジャンプで鈴にタッチをして、鈴が鳴ったら次へ進みましょう。

案／山本美聖（関西あそび工房）　イラスト／加藤直美

異世代種目

3歳児

大きなおすしを作りましょ!

大きなおすしを見たら、大人も子どももウキウキ。気分はすし職人。完成させたら直線コースをダッシュしてゴール! 会場も盛り上がります。

1

A地点とB地点にすしの材料を置きます。走者は異世代でペアを組んでスタートします。

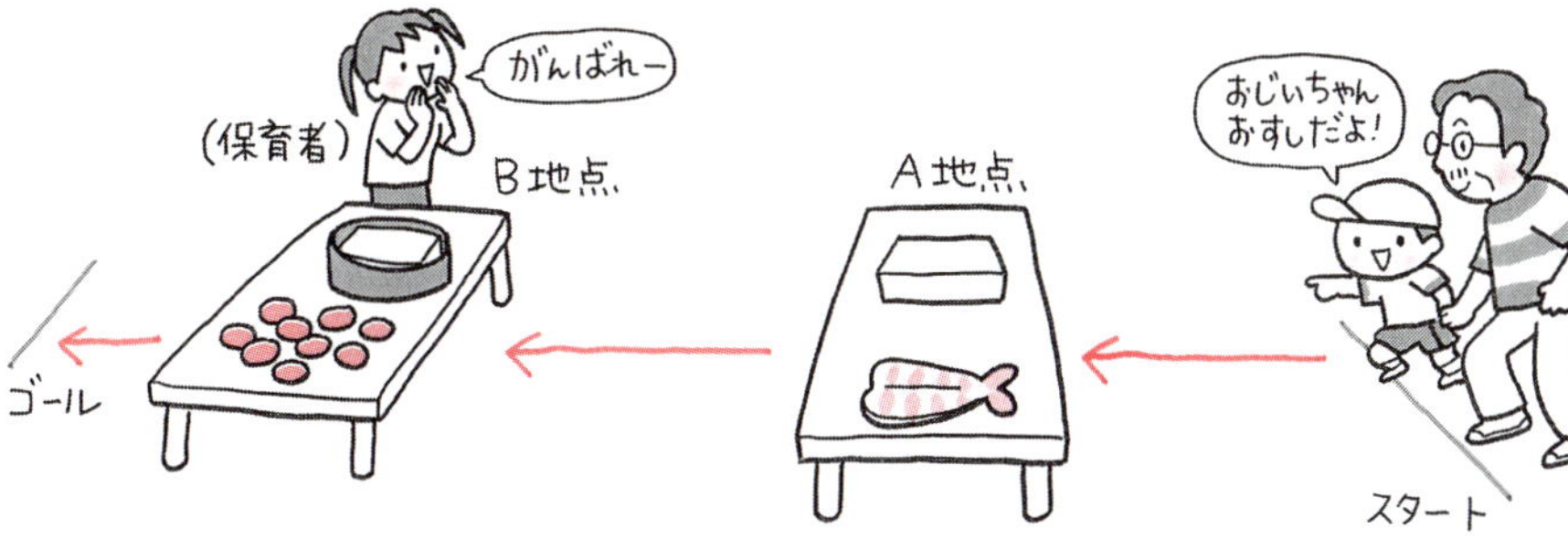

2

A地点ですし飯の上にネタを載せ、B地点では軍艦の中に赤玉を入れていくらのすしを作ります。できあがったら、そのままゴールへ進みます。

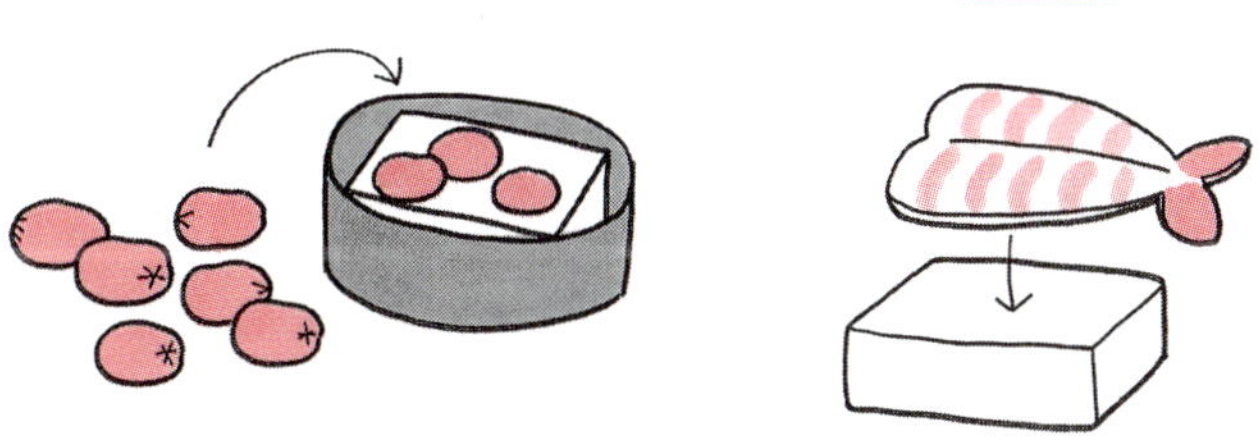

3

ペアがゴールしたら、保育者はすしを元に戻します。そして次の組がスタート。これを繰り返してアンカーの組が先にゴールしたチームの勝ちです。

準備する物

(1チームに必要な物)

- すし飯 ……………………… 2個
- すしネタ ……………………… 1個
- 黒の片段ボール(のり) ………… 適宜
- 玉入れ用の赤玉(いくら) … 10個程度
- 机 ………………………………… 2台

おすしの作り方

ティッシュペーパーの箱に白い画用紙を貼って、すし飯を作る

色画用紙と段ボールですしネタを作る

すし飯の周りに黒の片段ボールを巻いて、のりに見立てる

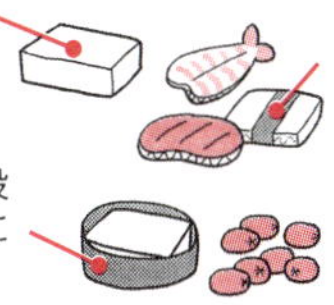

ポイント

卵・まぐろ・えびなど各チームで違うネタにすると、さらに楽しくなるでしょう。

案/山本美聖(関西あそび工房) イラスト/加藤直美

異世代種目

3歳児

すてきなメガネ

つながったフープはまるでメガネみたい！ 動物にすてきなメガネを掛けてあげましょう。

1 チームに分かれ、異世代でペアを組みます。つながったフープのそれぞれの輪の中に入り、スタートの合図で進みます。

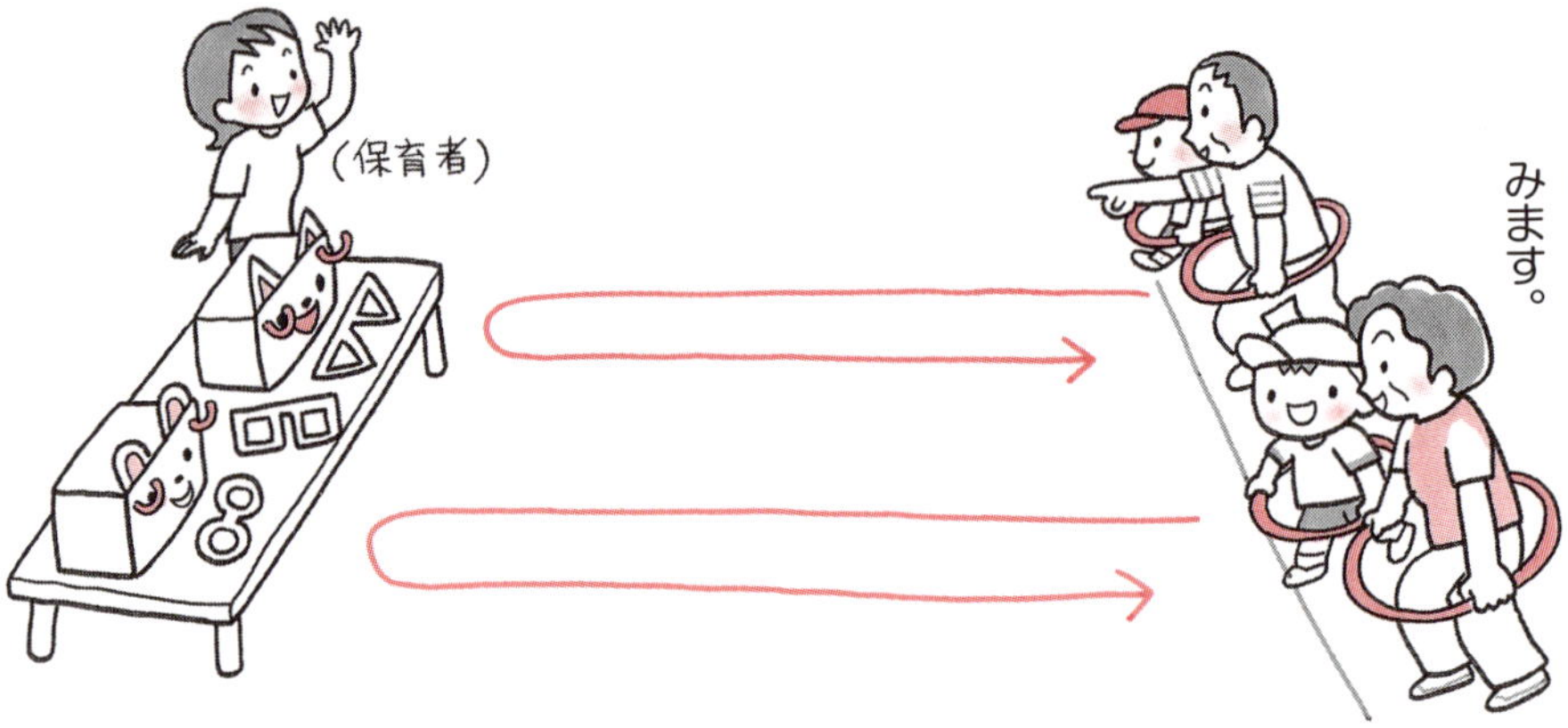

（保育者）

2 机に向かって走ります。歩幅やペースが乱れないよう、気をつけましょう。

いちにっ いちにっ

3 好きなメガネを選んで、子どもが動物に掛けます。

まるいメガネがいいかな
よくにあうね

4 Uターンしてスタート地点に戻り、次の組と交代します。これを繰り返して、アンカーの組が先にゴールしたチームの勝ちです。

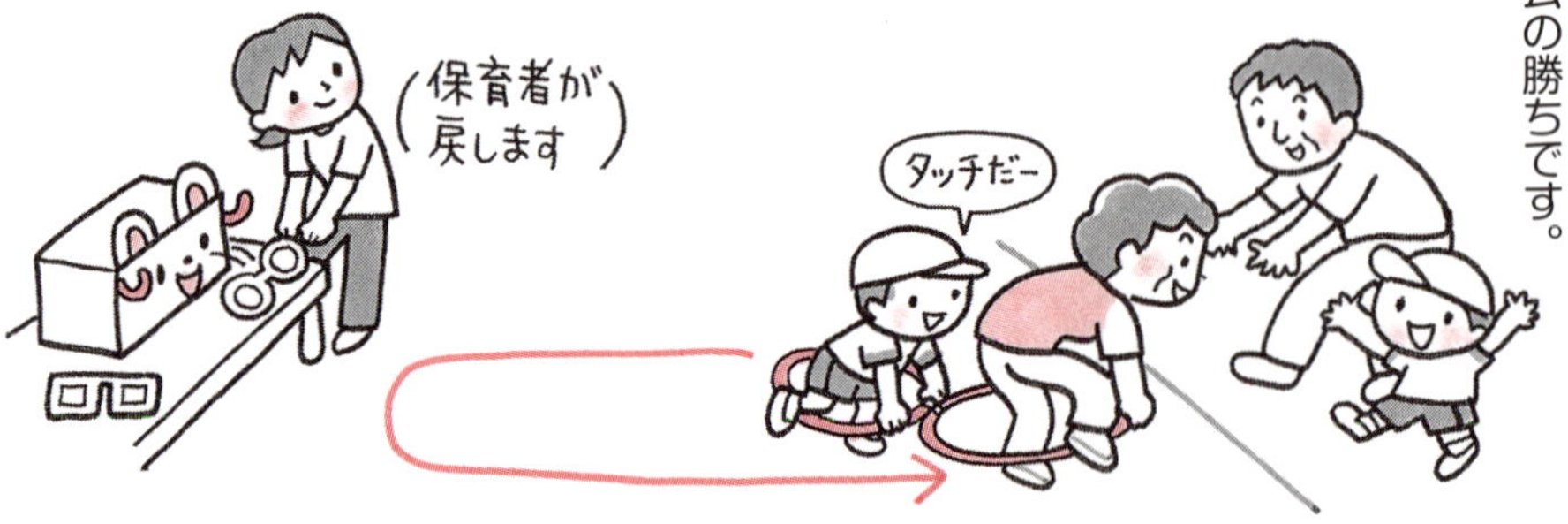

（保育者が戻します）
タッチだー

ポイント

- メガネは子どもが動物に掛けます。
- 動物の顔やメガネは、応援席からも見えるように大きめに作ります。

作り方

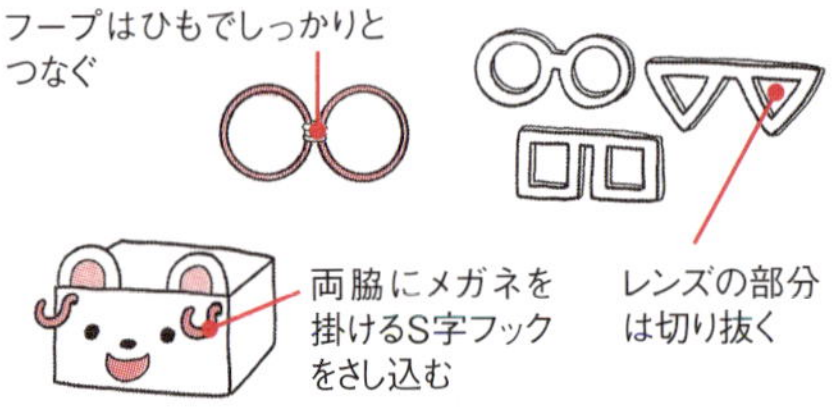

フープはひもでしっかりとつなぐ
両脇にメガネを掛けるS字フックをさし込む
レンズの部分は切り抜く

準備する物

（1チームに必要な物）

- フープ ………… 2本
- 段ボール箱で作った動物の顔 … 1個
- 顔に付けるS字フック ………… 2個
- 段ボールで作ったメガネ …… 数種類
- 机 ………… 1台

案／山本美聖（関西あそび工房）　イラスト／加藤直美

2歳児の種目

個人種目

- エンヤコラ大漁魚釣り……66
- パイナップルボウリング……67
- 色別玉入れ……68
- にんじん　パックン……69
- ドーナツハウスへ行こう！……70
- 走るの大好き！……71

親子種目

- お花畑へ遊びに行こう……72
- はいはいくぐっておうまさん……73
- お花畑へお散歩……74
- 待って！　待って！……75
- タッチタッチ、ジャンプでタッチ！……76
- パンダのおんぶだっこ……77

異世代種目

- タオルでバスごっこ……78
- おさるさんとお散歩……79
- おはよう、起きて！……80

個人種目

2歳児

エンヤコラ大漁魚釣り

子どもたちが釣り糸を引くと、大きな魚がかかっています。力いっぱい引っ張って、ゴールラインまで持ち帰りましょう。

大きな魚を並べて、上からブルーシートをかぶせます。ロープとリングはシートの外へ出しておきます。保育者はブルーシートを揺らして波を作ります。子どもはリングを引いて魚を釣り、ゴールまで魚を引いて戻ります。

ポイント

- 子どもが引いたときに手応えがあるように、魚は大きめに作りましょう。
- ブルーシートを揺らして、波のイメージを広げましょう。

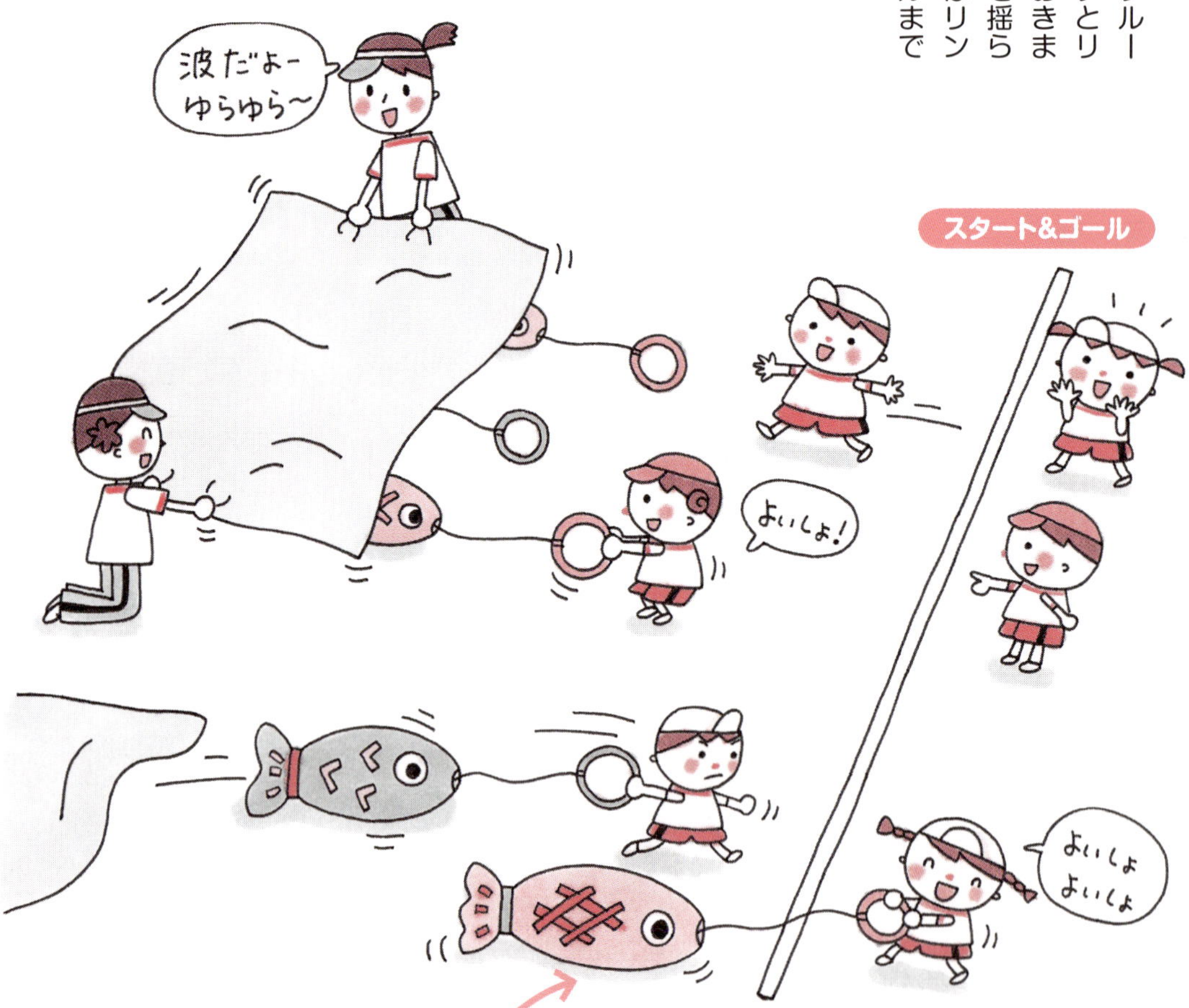

魚の作り方

1. 新聞紙3～4枚を丸めて、中にロープを入れて留め、魚の形を作ります。大きさは30cm程度。
2. カラービニール袋に❶の新聞紙の魚を入れて、形を整え、要所をセロハンテープで留めます。
3. 色画用紙の目玉を貼り、アルミテープやビニールテープで模様を付けます。
4. 魚の口の部分に穴を開け、中のロープを引き出し、端にリングなどで持ち手を付けます。

準備する物

（1回のゲームに必要な物）

- 魚……………………人数分
- ブルーシート………適宜

案／浅野ななみ（乳幼児教育研究所）　イラスト／いとう・なつこ

個人種目

2歳児

パイナップルボウリング

並んだパイナップル形のピンを倒すボウリングゲームです。うまく転がしてピンを倒せるかな？

1 スタートの合図で、保育者の所まで進んでボールを受け取ります。

2 ボールをボウリングのように転がして、ペットボトルピンを倒します。ピンが倒れなかったら、倒せるまで挑戦しましょう。

ポイント

- ボールは、大きくて重さのある物を選びます。
- ペットボトルに色や飾りを付けて、目立つようにしましょう。
- 手作りメダルを用意しておき、ピンを倒した子どもに掛けてあげてもよいでしょう。

準備する物

（1回のゲームに必要な物）

- ペットボトルピン……………………6〜7本
- ボール…………………数個

ペットボトルピンの作り方

1

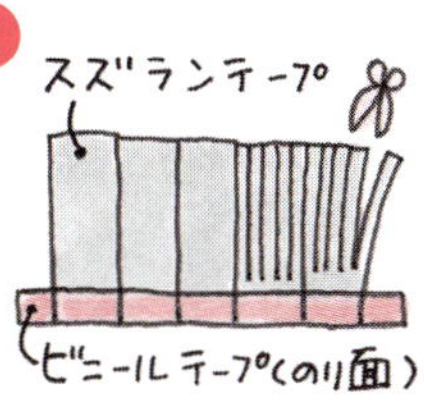

スズランテープをビニールテープに貼り、切り込みを入れます。

2

蓋にビニールテープを巻いて留めます。

案／浅野ななみ（乳幼児教育研究所）　イラスト／いとう・なつこ

個人種目

2歳児

色別玉入れ

箱の中からつかんだ玉の色に合わせて、色別になっているかごに入れる競技です。つかんだ玉の色と同じ色のかごに入れられるかな?

あらかじめ箱の中に紅白の玉を混ぜて入れておきます。子どもは箱の中から玉を1つ取り出し、その玉の色に合わせて、色別になっているかごに入れ、ゴールを目ざします。

ゴール
赤、でーす!
赤ー!
白でーす
なに色かな?
箱の上部に穴を2つ開けておきます。
スタート

ポイント

子どもが選んだ玉と同じ色のかごに入れられるように、保育者はかごの色をコールしたり、「なに色かな?」と問いかけて、色を識別できるように促しましょう。

準備する物

- 玉を入れる箱…………1個
- 玉入れの玉…………適宜
- かご……………………2個

案/浅野ななみ(乳幼児教育研究所)　イラスト/いとう・なつこ

個人種目

2歳児

にんじん パックン

にんじんを抜いて、うさぎさんに「パックン!」と、食べさせてあげましょう。

1 スタートの合図でにんじん畑へ行き、にんじんを抜きます。

2 うさぎさんの口ににんじんを入れてあげます。上手に入れられた子どもは、動物ボックスの横に並んで、他の友達を応援してあげましょう。

動物ボックスの作り方

1 段ボール箱に色画用紙を貼り、うさぎの目、鼻、耳、足を貼り付けます。

2 口の部分を切り取って穴を開けます。

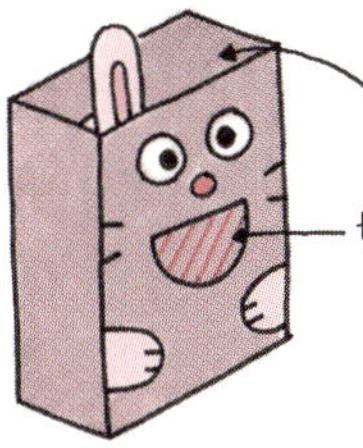

にんじんの作り方

1 新聞紙を丸めてにんじんの形を作り、色画用紙の葉を付けて、セロハンテープなどで留めます。

2 新聞紙にカラービニールをかぶせ、にんじんの形に整えて、セロハンテープで留めます。

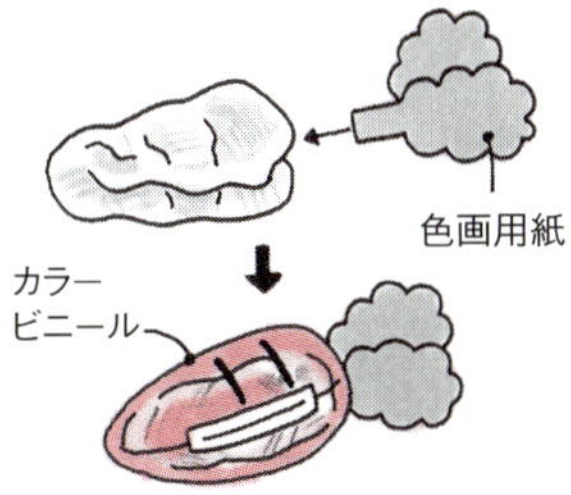

にんじん畑の作り方

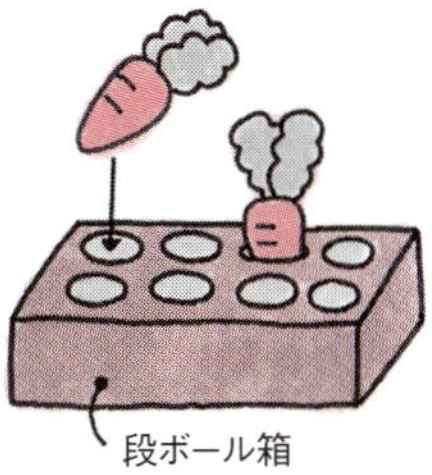

段ボール箱に穴を6〜8個開けて、穴の中ににんじんを入れます。

ポイント

保育者は、「にんじん抜けるかな?」「抜いたにんじんをうさぎさんに食べさせてあげよう」などと声をかけて、楽しく競技に参加できるようにしましょう。

準備する物

- にんじん……… 人数分
- にんじん畑………… 1個
- 動物ボックス……… 1個

案/浅野ななみ(乳幼児教育研究所)　イラスト/いとう・なつこ

個人種目

2歳児

ドーナツハウスへ行こう!

デコボコ道を乗り越えて、目ざせドーナツハウス! おいしそうなドーナツをみんなでたくさん手に入れましょう。

マットの上に巧技台の1段目を置いて、デコボコ道を作ります。マットの先にドーナツハウスを配置、ドーナツをフックに掛けてスタンバイします。

1 スタートして、デコボコ道を進みます。

2 ドーナツハウスにたどり着いたら、ドーナツを1人1個取って、スタート位置まで戻ります。

ポイント

- 巧技台は、子どもの成長に合わせて2段目を足すなど、登り降りしやすい高さに調整しましょう。
- ドーナツは、エアーパッキングを丸めてビニールテープを巻いた物でもよいでしょう。

準備する物

- ドーナツハウス……1個
- ドーナツ…………人数分
- 巧技台の1段目……2個
- マット……………………1枚

ドーナツの作り方

ドーナツ形に切り抜いた段ボールに、色画用紙などで装飾します。

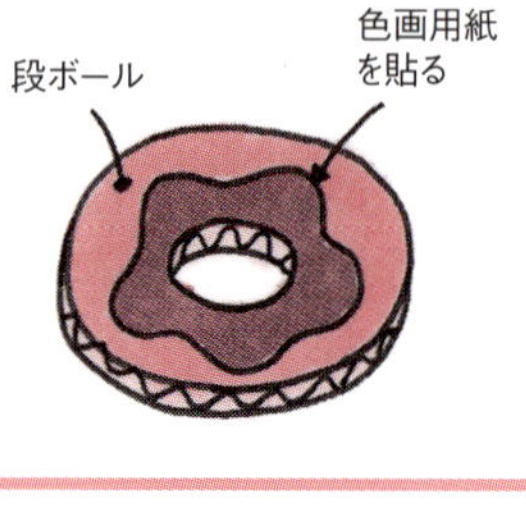

ドーナツハウスの作り方

1 段ボール箱に、段ボール板の屋根を付けて色画用紙などを貼ります。

2 屋根や壁の部分に接着型のフックを付けます。フックにドーナツを掛けます。

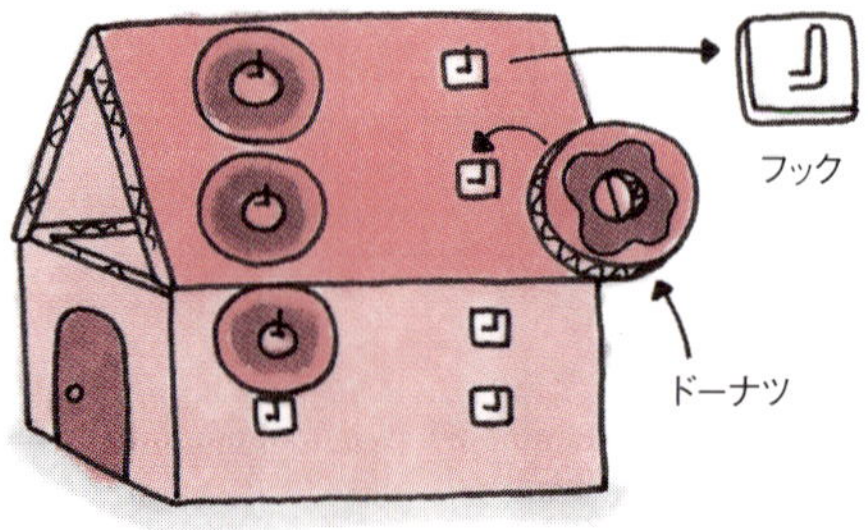

案／浅野ななみ(乳幼児教育研究所)　イラスト／いとう・なつこ

個人種目

2歳児

走るの大好き!

子どもがつぎつぎにフープを走り抜けるレースです。フープにお花やスズランテープを付けて、変化を楽しみましょう!

保育者がそれぞれのフープを立ててスタンバイします。スタートの合図で走っていき、一つひとつのフープをくぐり抜けてゴールを目ざします。

ポイント

- 子どもがコースから外れないように、保育者が声をかけて誘導します。
- フープの飾り付けは自由。子どもが喜ぶ物を工夫して付けましょう。

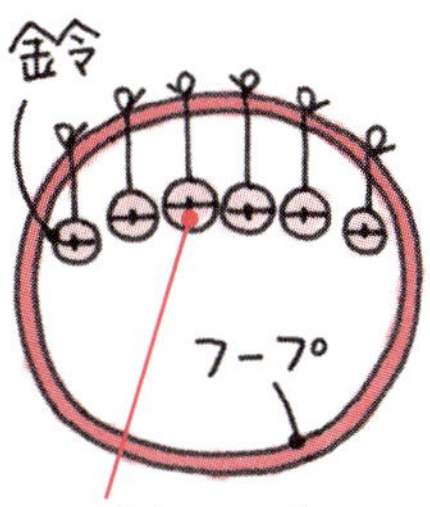

鈴をつり下げる

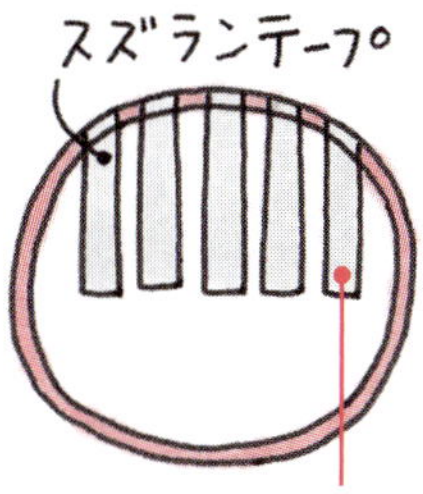

スズランテープを貼る

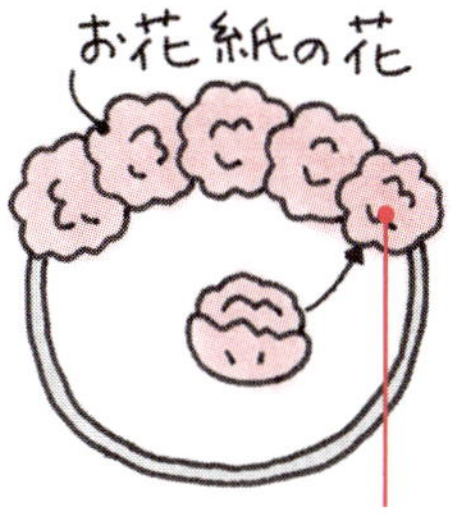

お花紙で作った花を結び付ける

準備する物

- それぞれに装飾したフープ……………………3本

案／浅野ななみ(乳幼児教育研究所)　イラスト／いとう・なつこ

親子種目

2歳児

お花畑へ遊びに行こう

はちさんのコスチュームを着た子どもが、花模様の段ボール箱を倒したり重ねたりしてゴールを目ざします。

準備する物

（1チームに必要な物）

- 装飾した段ボール箱…4個
- 巧技台 ……………………1台
- コスチューム……… 人数分
- カラーコーン …………1個

1 子どもは、はちさんのコスチュームを着て、保護者と手をつなぎます。スタート地点に巧技台などを設置し、その上に花の形になるように段ボール箱を4個積み重ねます。

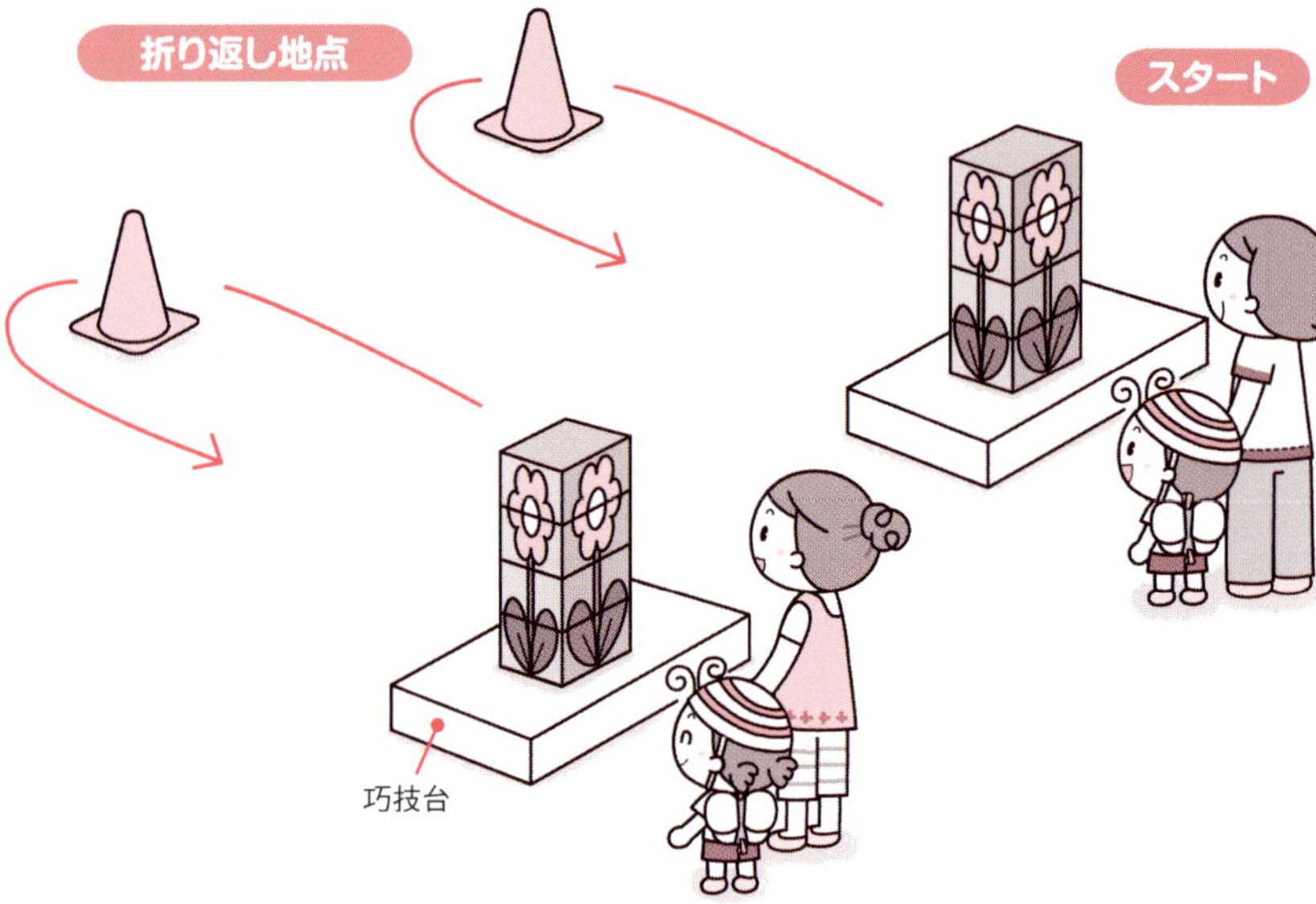

2 スタートの合図で、子どもが段ボール箱を倒し、保護者は子どもをだっこしてその先にあるカラーコーンを回って戻ります。

3 スタート地点に戻って来たら、花の形になるように段ボール箱を重ね直します。届かない部分は、保護者が子どもをだっこして完成させます。次の組と交代して、アンカーの組が先にゴールしたチームの勝ちです。

ポイント

- 段ボール箱は巧技台などの上に置くと、下の箱まで倒しやすく、さらに組み立てやすくなります。

コスチュームの作り方

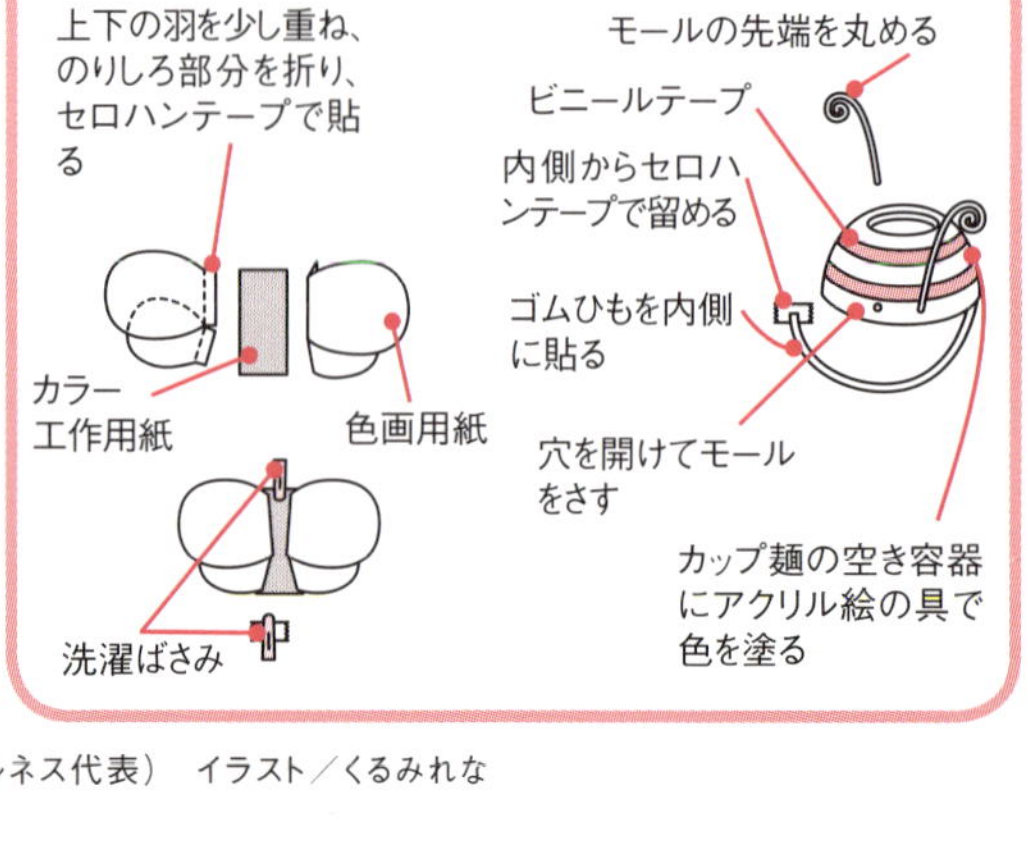

案／片山喜章（社会福祉法人 種の会理事長、株式会社ウエルネス代表）　イラスト／くるみれな

親子種目

2歳児

はいはいくぐっておうまさん

はいはいでトンネルをくぐったり、おうまさんで背中を渡ったり。3組の子どもと保護者が協力して行う種目です。

イラストのようにマットとコーンを設置します。

①3組の子どもと保護者が交互に手をつないで、6人横1列でスタートします。②マットまで来たら保護者3人が足を開いてトンネルを作り、子どもがはいはいで順番にくぐります。③くぐり終えたら、また6人で手をつないでカラーコーンを回って戻ります。④再びマットまで来たら、今度は保護者3人がうつ伏せになり、その上を子どもがおうまさんで渡ります。⑤渡り終えたら6人で手をつないで、ゴールを目ざします。

ポイント

- リレー形式にはせず、1回ずつスタート&ゴールの形式で行いましょう。
- トンネルくぐりやおうまさんがうまくできない子どもには無理をさせず、保育者がサポートしましょう。

準備する物

- マット……………………1枚
- カラーコーン…………1個

案／片山喜章（社会福祉法人 種の会理事長、株式会社ウエルネス代表）　イラスト／くるみれな

親子種目

2歳児

お花畑へお散歩

ちょうちょうにふんした子どもが、保護者といっしょに大自然のなかを飛び回るイメージです。山の上のお花畑で休んだりしながら、楽しくお散歩しましょう。

ちょうちょうの羽をつけた子どもと保護者が、手をつないで進みます。

1 スズランテープの「雨」をくぐります。

2 「お山」では子どもを座らせてひと休み。お花を1つとり、手を振ったり、「ヤッホー」と声を出しても。

3 保育者の持っている「お日様」に子どもがタッチしてゴールです。

ポイント

「お山」に用意するお花には、輪ゴムを付けておき、子どもの手首につけられるようにしておくのもアイデアです。

作り方

<お日様>

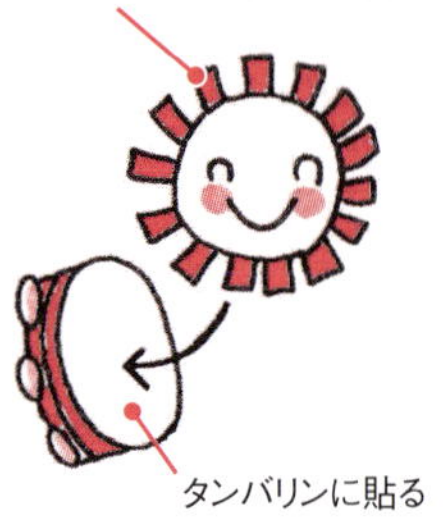

<雨>

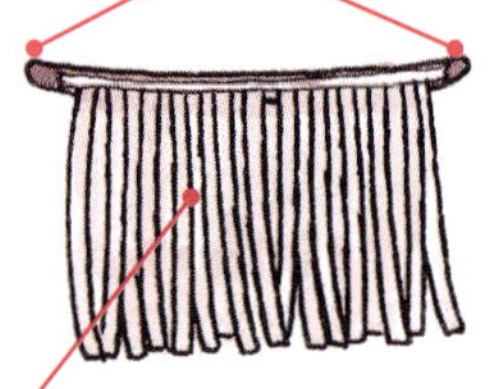

ちょうちょうの羽とお花の作り方

<お花>

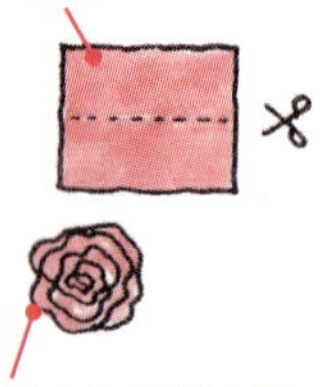

<ちょうちょうの羽>

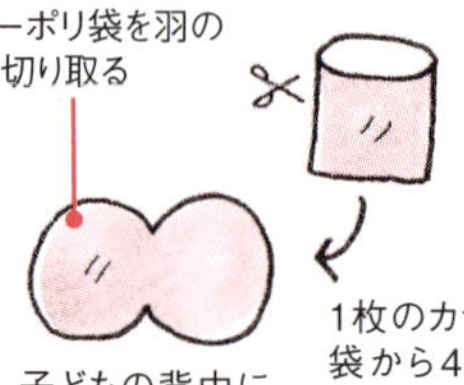

準備する物

- ちょうちょうの羽…人数分
- お日様……………………1個
- 雨…………………… 1セット
- お山(跳び箱) ………… 1台
- お花(かごに入れる)…人数分

案／山本美聖(関西あそび工房)　イラスト／みやれいこ

親子種目

2歳児

待って！ 待って！

かわいいねこになった子どもたちが、目の前の魚をいっしょうけんめいに追いかけます。

ねこになった子どもは、目の前の魚を追いかけます。保護者や保育者は「ねこさ～ん、こっちですよ～」などと声をかけて、魚を使ってゴールへ導きます。

元気なねこを魚が追いかけるという展開になっても、みんなで応援して楽しみましょう。

ポイント

- 保護者や保育者は手の届きそうな位置で魚を泳がせて、子どもを誘いましょう。

作り方

＜コスチューム＞

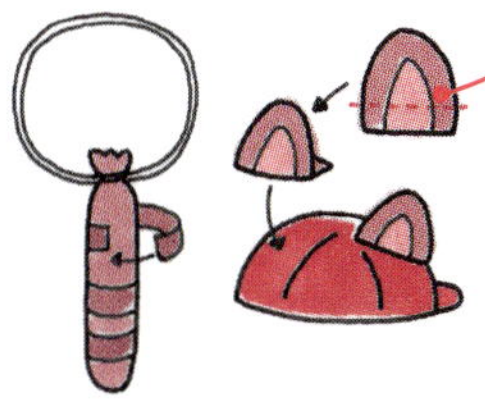

布でしっぽを作り、しま模様になるようにカラービニールテープを巻きます。ゴムひもにしっぽを付けて完成。

色画用紙でねこの耳を作り、後ろ前にしたカラー帽子に貼り付けます。

＜魚＞

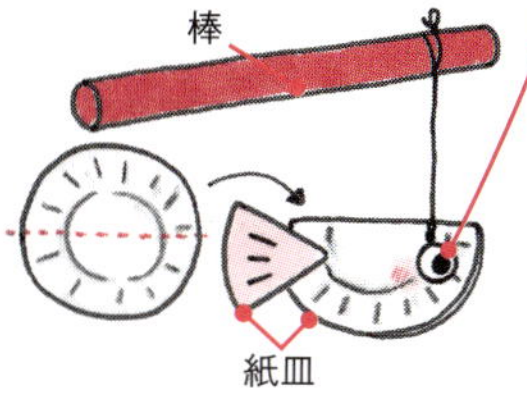

紙皿を半分に折り、紙皿を切って作った尾を貼り付けて魚を作ります。魚に糸を通し、棒に結びます。

準備する物

- コスチューム……人数分
- 魚……数匹

案／山本美聖（関西あそび工房）　イラスト／いとう・なつこ

親子種目

2歳児

タッチタッチ、ジャンプでタッチ!

いろいろな物にタッチしながら、ゴールを目ざします。タッチする高さに変化をつけると、タッチする楽しさもアップ!

1 子どもは保護者と手をつないでスタンバイ。

スタート
ゴール
A地点
ぬいぐるみを持つ保育者は、腰を下ろした状態。
B地点
動物の高さはテーブルや椅子などで調整します。
C地点
保護者が子どもを抱き上げて届くくらいの高さに。

2 A地点では、子どもがぬいぐるみにタッチ。B地点ではカラーボールを1つ手にとって、動物の口にポンと入れます。

動物の口の位置は子どもが背伸びするくらいの高さにしましょう。

3 C地点では、つり下げられた揺れる風船にタッチ。保護者が高く抱き上げて、子どもが手を伸ばしてタッチできたらゴールへ。

準備する物

- ぬいぐるみ……1個
- カラーボール(または玉入れの玉)……人数分
- 動物(およびテーブルや椅子)……1体
- 棒の先にひもで風船を下げた物……1個

動物の作り方

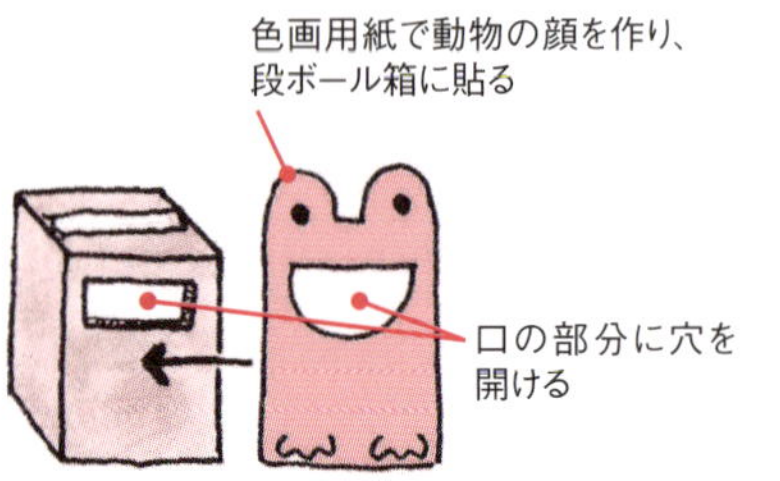

ポイント

A地点のぬいぐるみは園にある見慣れた物を使うと、幼い子も安心してタッチできます。

案/山本美聖(関西あそび工房)　イラスト/みやれいこ

親子種目

2歳児

パンダのおんぶだっこ

親パンダの上で、子パンダがゴロゴロ転がる姿がかわいい遊びです。親子の触れ合いがたっぷり楽しめる競技です。

1. 保護者が子どもをおんぶしてスタート。A地点で、保育者が子どもに子パンダを渡し、親パンダの上に子パンダを乗せます。

2. 子パンダを落とさないように、折り返し地点を目ざして親子で引っ張ります。

3. カラーコーンでUターンし、A地点へ戻ったら親子パンダとお別れをして、スタート地点に戻ります。

ポイント

- A地点の保育者は、次の組のために小道具を元に戻しておきます。
- スタート地点まで戻るときは、かけっこやおんぶなど自由な姿勢で戻りましょう。

親子パンダの作り方

＜親パンダ＞
蓋を閉じた段ボール箱に色画用紙で顔、足、しっぽを貼る

ラップフィルムやトイレットペーパーの芯を貼る
※ボールが転がり落ちるのを防ぎます。

正面にひもを付ける

＜子パンダ＞
ボールに色画用紙で作ったパンダの顔を2枚、挟むように貼る

スタート＆ゴール

A地点

色画用紙で作った笹の葉を貼って飾りましょう。

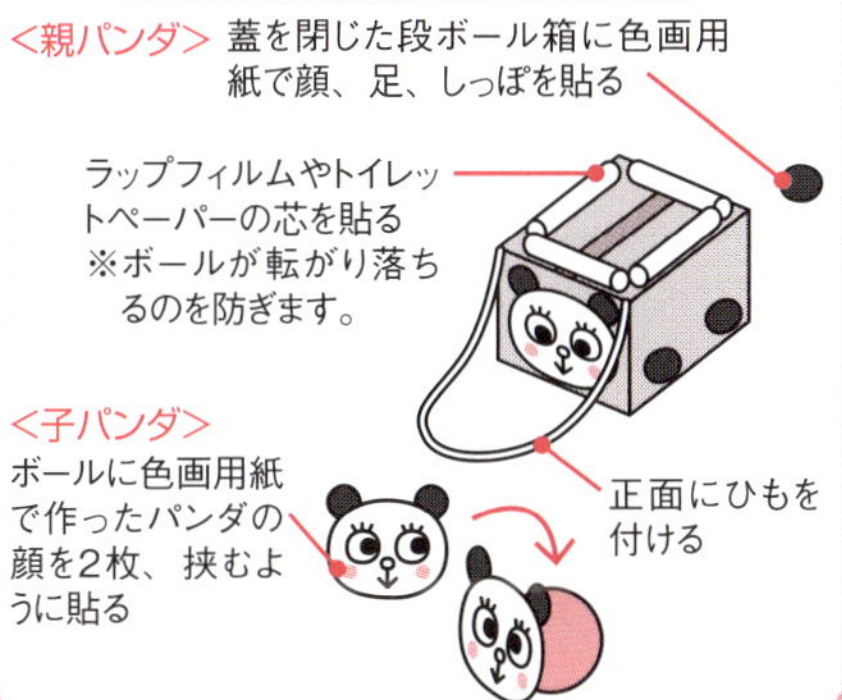

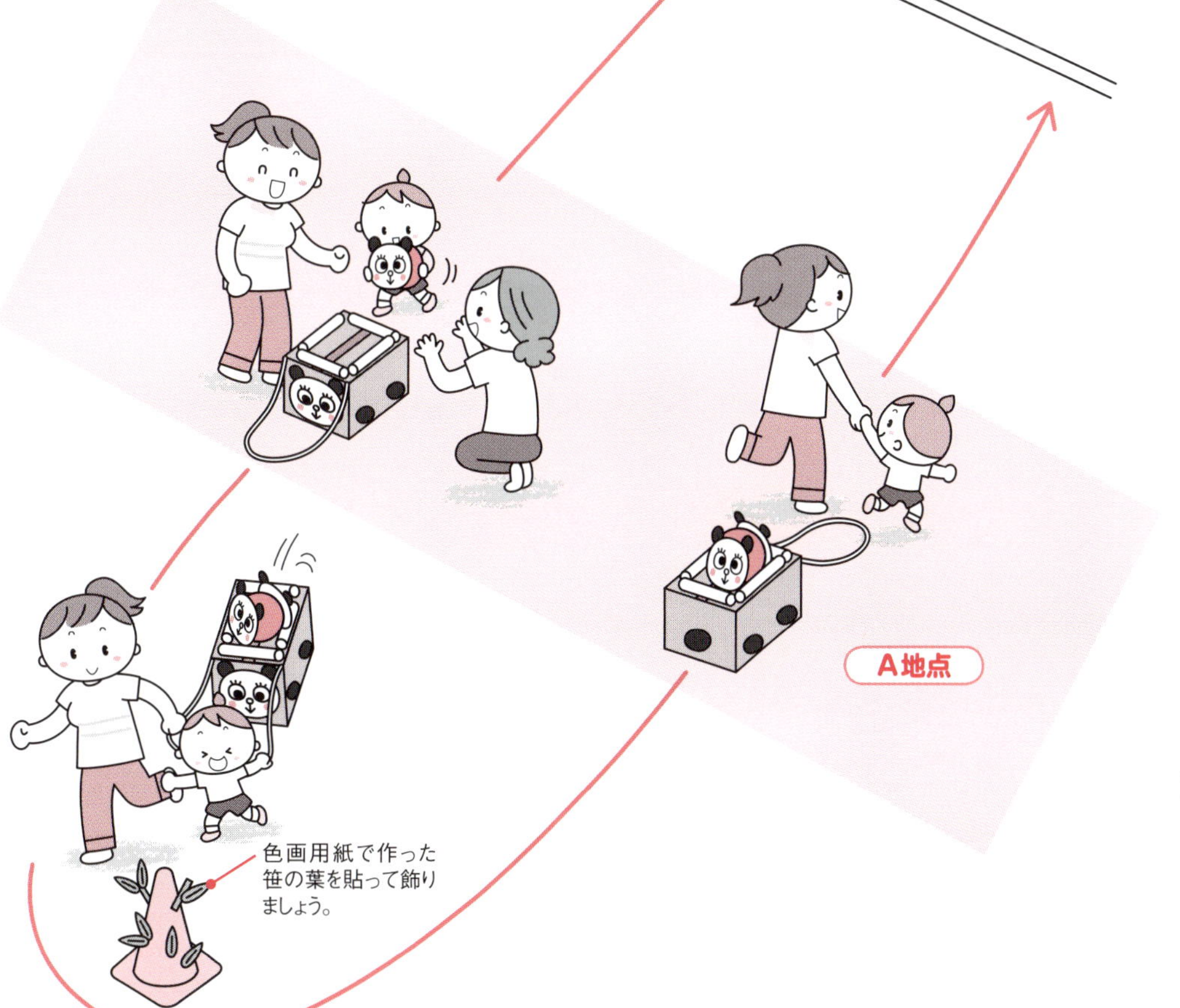

準備する物

- 親パンダ……………1個
- 子パンダ……………1個
- 笹の葉を貼ったカラーコーン……………1個

案／山本美聖（関西あそび工房）　イラスト／くるみれな

異世代種目

2 歳児

タオルでバスごっこ

2人で持つタオルに、バス停で待つぬいぐるみを乗せてあげましょう。ルールは柔軟にしてのびのび楽しみます。

1 異世代でペアになり、2人でタオルの両端を持ち、バスになってスタートします。

2 バス停まで来たら、タオルにぬいぐるみを乗せます。

3 その先のカラーコーンを回ってバス停に戻ったら、ぬいぐるみを下ろします。タオルを持った状態のままスタート地点に戻り、次の組と交代します。

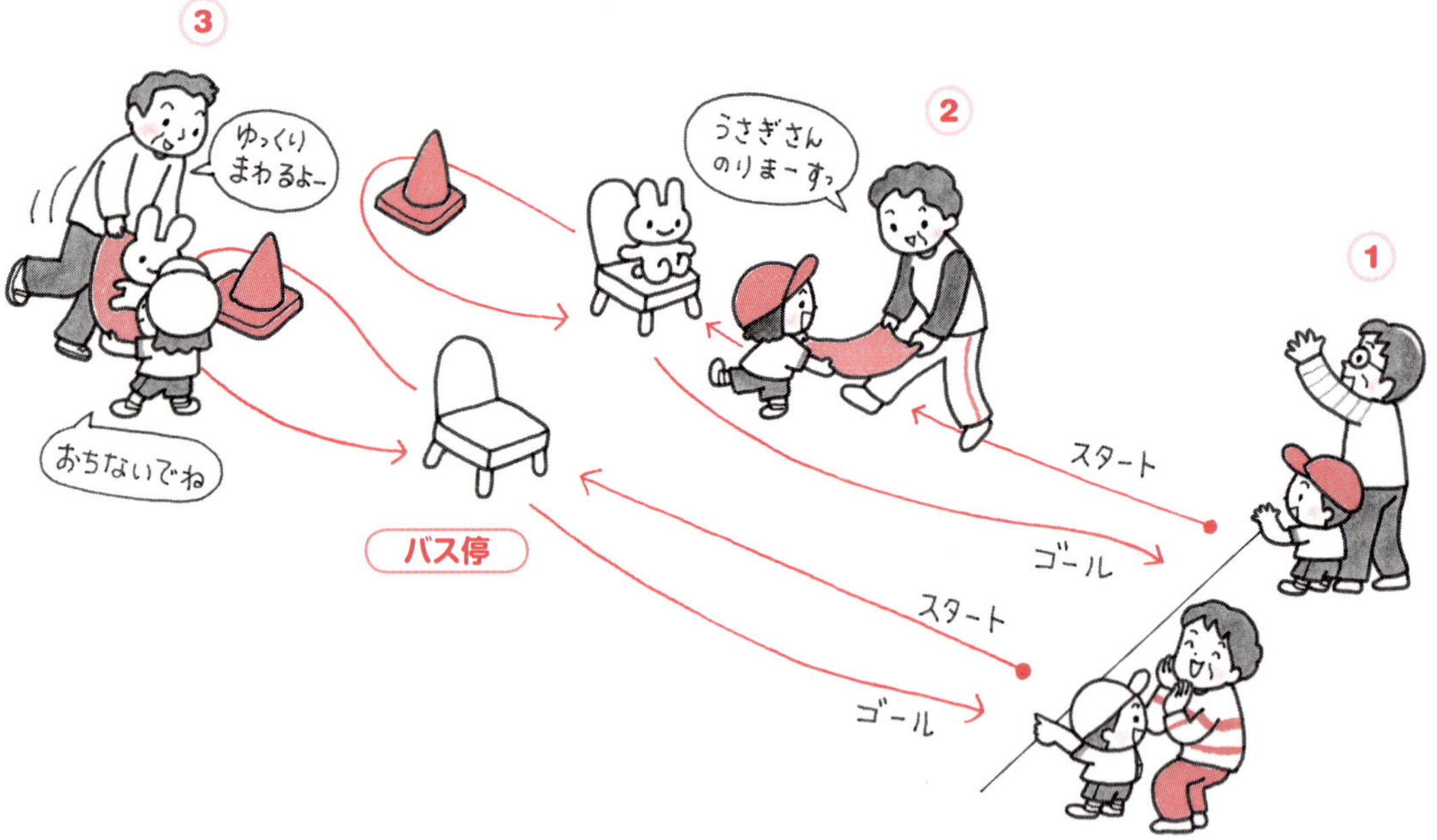

ポイント

- バス停でぬいぐるみを移動させるときの方法は、あえて指示していません。細かいルールがない分、各ペアが交流する姿をいろいろ見ることができるでしょう。
- 各チームの様子をアナウンスなどで優しく伝えます。

準備する物

（1チームに必要な物）

- フェイスタオル……1枚
- ぬいぐるみ（またはボールに装飾した物）……1個
- 子ども用の椅子……1脚
- カラーコーン……1個

案／山本美聖（関西あそび工房）　イラスト／加藤直美

異世代種目

2歳児

おさるさんとお散歩

いっしょに散歩をする気分で楽しめる種目です。子どもたちのほほえましい姿が見られます。

① 異世代でペアになり、おさるさんを間に挟んで手をつなぎ、スタートします。縦長に置いた跳び箱まで来たら、おさるさんを高く上げてジャンプさせましょう。

② その先のカラーコーンを回ったら、再びおさるさんが跳び箱を飛び越えます。スタート地点に戻り次の組と交代。これを繰り返してアンカーの組が先にゴールしたチームの勝ちです。

ポイント

- 跳び箱を越えるときは、ペアで「ジャーンプ！」と言い合って、タイミングを合わせます。
- さるの手足は2歳児が持ちやすい長さに。
- ルールにこだわらず、のびのび参加できるようにサポートしましょう。

アレンジ

コースの途中にお花を置いておきます。お花を1本取り、さるの体に入れて戻ってくるようにしましょう。

作り方

- 手は軍手などで
- 手足各20cm、しっぽ10cm程度。綿ロープなどで作る
- 牛乳パックの口の部分を切り取る
- 色画用紙
- 牛乳パック2個を両面テープなどで貼り合わせて、さるの体を作ります。

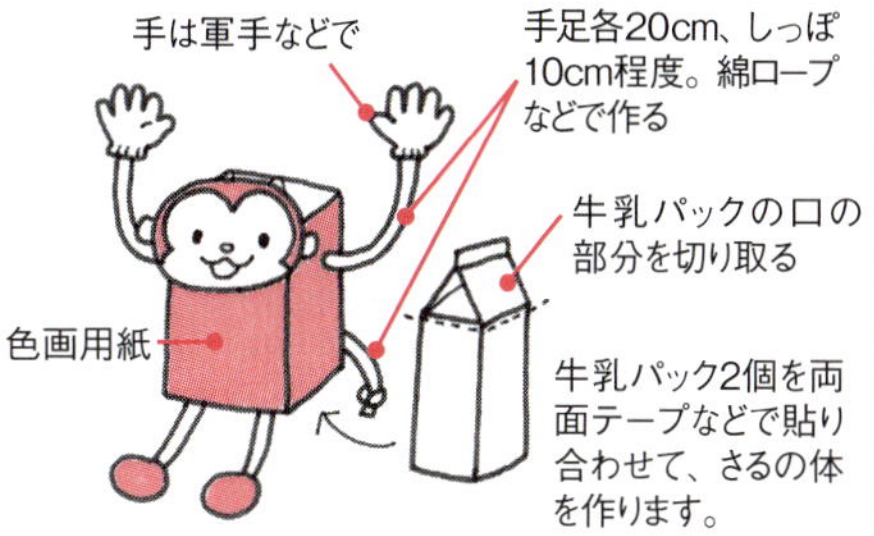

準備する物

- さる ……………………… 1体
- 跳び箱または大型積み木 …… 1個
- カラーコーン ……………… 1個

案／山本美聖（関西あそび工房）　イラスト／加藤直美

異世代種目

2歳児

おはよう、起きて！

ペアで力を合わせて、寝ている動物を起こしてあげましょう。動物を寝かせてあげるアレンジバージョンにしても楽しい種目です。

**① ** イラストのようにコースを設置します。スタートの合図で、ペアで手をつないで出発します。

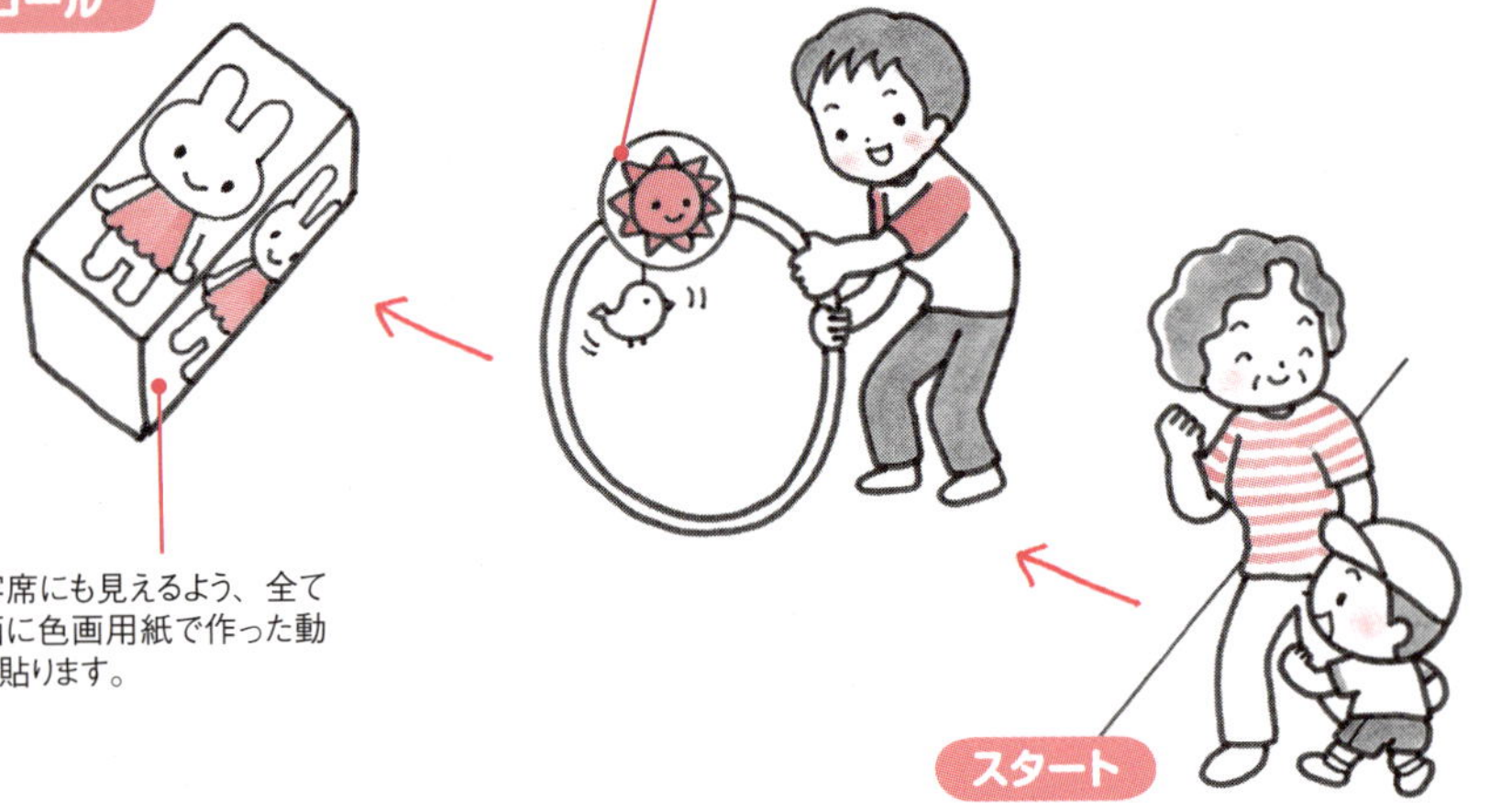

- フープの両面に色画用紙で作ったお日様を貼り、小鳥をひもでぶら下げます。
- 観客席にも見えるよう、全ての面に色画用紙で作った動物を貼ります。

ゴール / **スタート**

**② ** 保育者が持つフープの所まで来たら、子どもがフープをくぐります。ペアはそばで助けましょう。

ポイント
- フープが大きい場合は、大人もいっしょにくぐりましょう。
- 起こす動物の数を増やしたり、コースの距離を長くしたりすると、難易度が調節できます。

**③ ** 寝ている動物たちを「おはよう！」と声をかけながら起こしたら、ゴールです。

「おはよう」「おはよう」

アレンジ

基本コースを夜バージョンに変えてみましょう。フープに貼る飾りをお日様→お月様に、ぶら下げる飾りを小鳥→星に替え、立たせておいた動物に「おやすみ」と声をかけながら子どもが寝かせるようにします。基本コースのあとに組み合わせてもよいでしょう。

「おやすみー」

準備する物
- 装飾したフープ……………1本
- 段ボール箱（または大型積み木）で作った動物………1体

案／山本美聖（関西あそび工房）　イラスト／加藤直美

1歳児の種目

親子種目

- だっこでボール渡し……82
- いっしょに絵合わせ……83
- おんぶひも列車で先頭交代……84
- 空飛ぶくるくるマット……85
- ころころ木の実を集めよう……86
- みんなでスキンシップ体操……87
- お風呂に入れて……88

親子種目

1 歳児

だっこでボール渡し

保護者が子どもをだっこして行います。子どもから子どもへ、ボールを渡していきましょう。

保護者は子どもをだっこして、8組くらいを目安に横1列に並びます。子どもが両手でボールを持ち、隣の子どもへとボールを渡して行きます。先に5個のボールを全て渡し終わったチームの勝ちです。

準備する物

（1チームに必要な物）

- ボール※…………5個

※子どもが離さないので、スポンジ製のボールは避けましょう。

ポイント

- ボールの大きさは直径15cmくらいの物がよいでしょう。
- 子ども同士がうまくボールを渡せない場合は、保護者同士が向かい合い、体をくっつけるようにしてボールを渡します。

案／片山喜章（社会福祉法人 種の会理事長、株式会社ウエルネス代表）　イラスト／くるみれな

親子種目

1歳児

いっしょに絵合わせ

同じ絵カードを引いた組が集まって、だっこやおんぶのし合いっこをする触れ合いゲームです。

1

子どもの人数分の絵カードを裏返して、ランダムに並べます。子どもは保護者といっしょに絵カードの周りを音楽に合わせて回ります。音楽が止まったら、子どもが絵カードを取りに行きます。

2

同じ絵カードの仲間が集まり、まずは保護者が自分の子どもをだっこします。

3

次に同じ絵カード仲間の相手の子どもをだっこして、輪に戻ります。絵カードをシャッフルして繰り返します。2回目はおんぶ、3回目は腕に抱えて1回転、4回目は「たかいたかい」を3回行って退場します。

ポイント

- 10名以上で行うと楽しいゲームです。
- 子どもが1人で絵カードを取りに行けない場合は、保護者がいっしょに取りに行くようにしましょう。

準備する物

- 絵カード ……子どもの人数分（人数に合わせて増減）

<12組の場合> 各3枚

案／片山喜章（社会福祉法人 種の会理事長、株式会社ウエルネス代表）　イラスト／くるみれな

親子種目
1
歳児

おんぶひも列車で先頭交代

保護者が子どもをおんぶして行います。カラーコーンにタッチするたびに先頭を交代するので、全員が先頭になれる種目です。

イラストのようにカラーコーンを2か所に設置し、保護者は子どもをおんぶひもでおんぶします。4組が縦1列に並んで列車を作り、スタートしま す。A地点のカラーコーンにタッチしたら、列の最後尾の組が先頭になり、B地点のカラーコーンを目ざします。B地点のカラーコーンにタッチしたら、その時点で最後尾の組が先頭になり、Uターンします。次のA地点のカラーコーンで先頭を交代し、ゴールします。

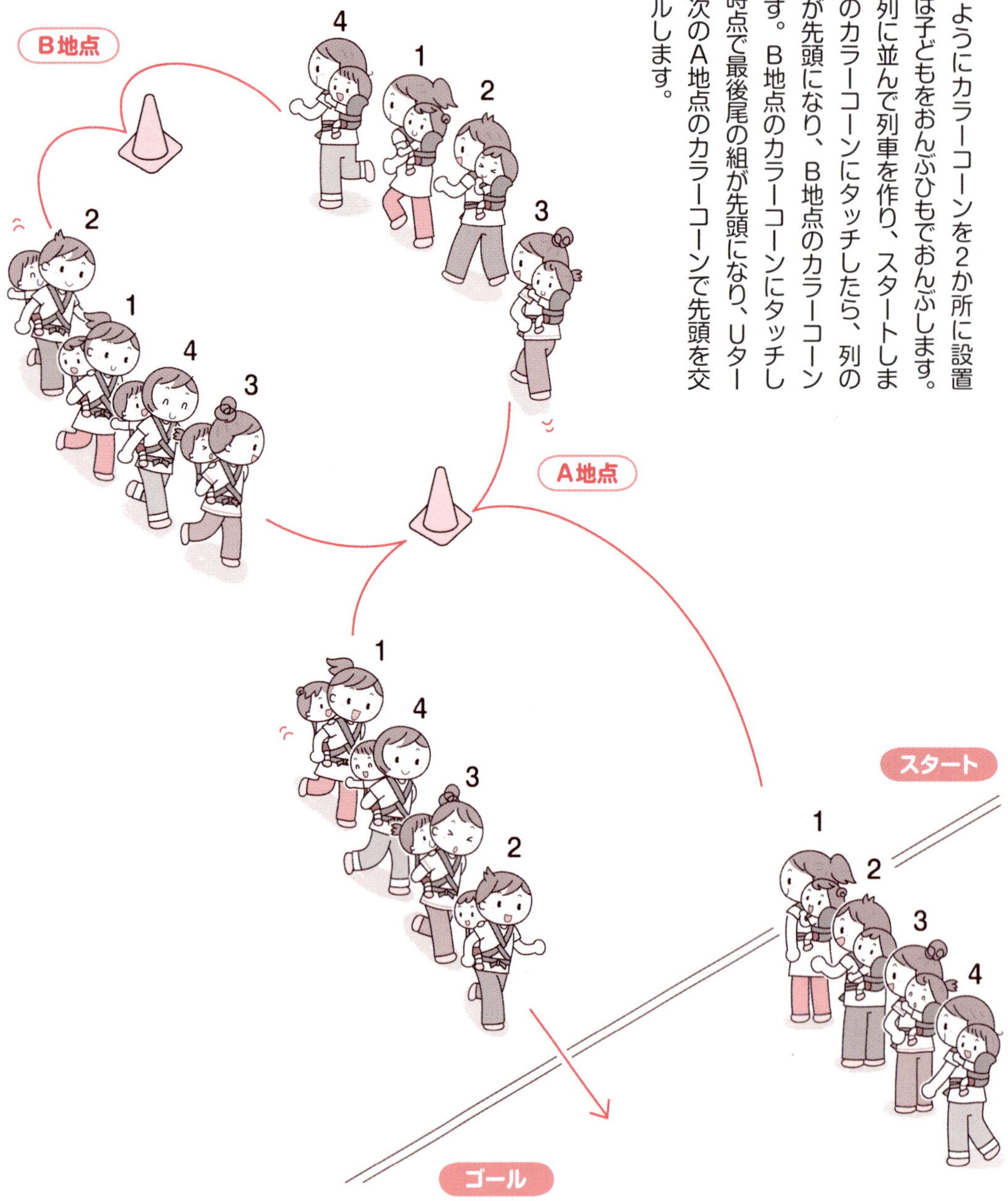

ポイント

- リレー形式ではなく、1回ずつスタート&ゴールの形式で行いましょう。
- 列の最後尾の組が次の先頭になるよう、順番を守って交代しましょう。

準備する物

（1チームに必要な物）

- おんぶひも………組数分
- カラーコーン………2個

案／片山喜章（社会福祉法人 種の会理事長、株式会社ウエルネス代表）　イラスト／くるみれな

親子種目

1歳児

空飛ぶくるくるマット

保護者2人が子ども2人を乗せたマットを持って運ぶ種目です。折り返し地点では1回転します。

子ども2人がマットの上に乗り、保護者2人が両手でマットを持ってスタートします。折り返し地点まで来たら、その場で1回転してスタート地点へ戻り、次の組と交代します。アンカーの組が、先にゴールしたチームの勝ちです。

ポイント

- 保護者は両手でしっかりとマットを持ちます。
- スピードを出しすぎないように気をつけましょう。

準備する物

（1チームに必要な物）

- マット ……………1枚
- カラーコーン……2個

子ども用のマットレスなど

案／片山喜章（社会福祉法人 種の会理事長、株式会社ウエルネス代表）　イラスト／くるみれな

親子種目

1歳児 ころころ木の実を集めよう

ねずみさんのコスチュームを着た子どもが、木の実に見立てたボールを集める姿がかわいい種目です。

1

トラックの中央に台を置き、カラートンネルを立てて中にボールを10個ほど入れます。スタートの合図で保育者がトンネルを持ち上げ、転がり出てきたボールを子どもが拾います。保育者はカラートンネルを台の上に戻します。

2

子どもがボールを拾ったら、保護者は子どもをだっこして中央のカラートンネルまで行き、中にボールを戻します。ボールは1個ずつ拾って戻しましょう。

準備する物

- カラートンネル …… 1個
（大型の洗面器や段ボール箱などで代用可）
- ボール …… 10個ぐらい
- 跳び箱3段ほどの高さの台 …… 1台
- コスチューム …… 子どもの人数分

コスチュームの作り方

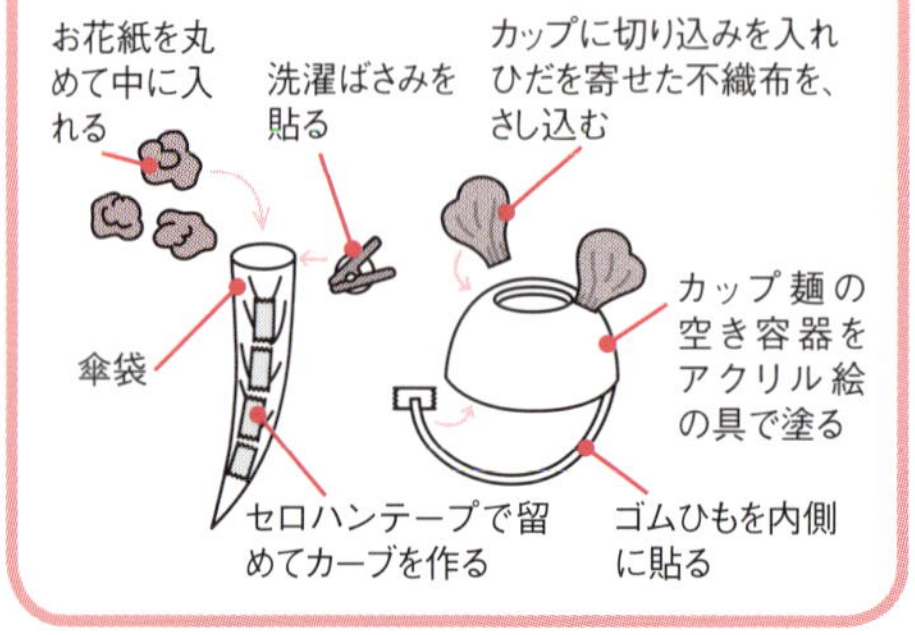

ポイント

- 保育者は、保護者の体力などに配慮してボールが転がる範囲を調整しましょう。
- 一度に参加するのは子どもと保護者の3組ずつ、ボールは10個くらいで行いましょう。

案／片山喜章（社会福祉法人 種の会理事長、株式会社ウエルネス代表）　イラスト／くるみれな

親子種目
1歳児

みんなでスキンシップ体操

ぞうになったり、きりんやコアラ、飛行機になったり…。子どもと保護者がいろいろな物に変身する体操です。

準備する物
- キーボードなど

体操の種類によって曲を決め、子どもと保護者に体操のやり方を説明します。保育者がキーボードなどで演奏する曲に合わせて、子どもと保護者が体操します。

ポイント

- 体操のやり方について説明する際は、子どもにも見えるように保護者にしゃがんでもらいます。
- 一つひとつの体操は、長めに設定します。

ぞう

保護者が子どもの両脇を持って抱き上げ、左右に揺らします。

コアラ

保護者が子どもを抱き上げ、子どもは保護者の首につかまってぶら下がります。保護者は少し体を揺らします。

きりん

「葉っぱ食べよ」と言いながら、保護者は子どもの両脇を支えて持ち上げます。次に「お水を飲もう」と言いながら、子どもを降ろします。子どもは、かがんで水を飲むまねをします。

飛行機

保護者は子どもをおんぶして前かがみになって小走りをし、「ストップ」の合図でしゃがみます。

案／片山喜章（社会福祉法人 種の会理事長、株式会社ウエルネス代表）　イラスト／くるみれな

親子種目

1歳児

お風呂に入れて

フープに付けたスズランテープがシャワシャワと揺れて、まるでシャワーみたい。2人の子どもをゆっくり抱えて入れましょう。

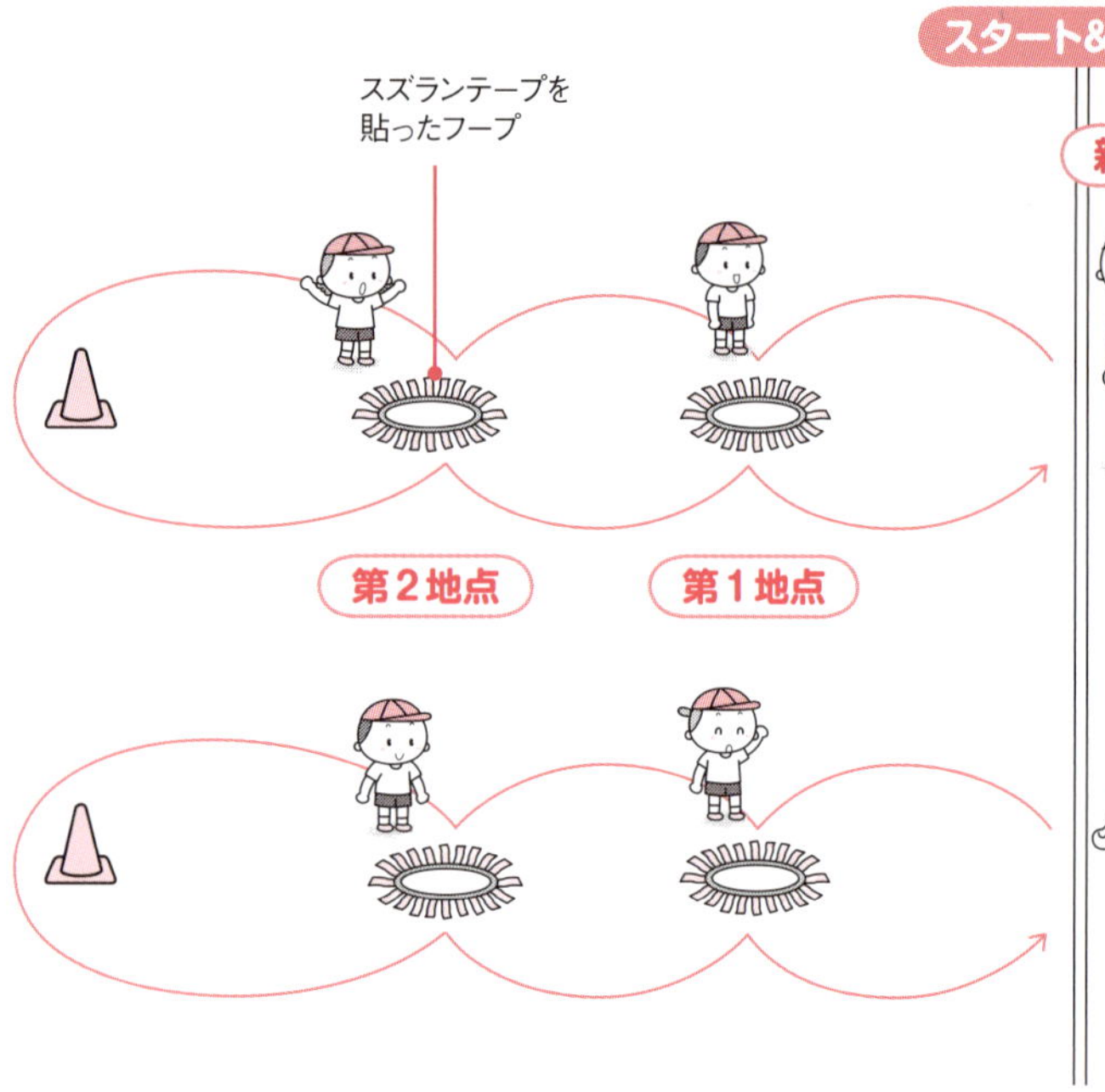

1

装飾したフープを第1地点、第2地点に各1本ずつ置いて、そばに5歳児が1人ずつスタンバイします。スタートの合図で、親子2組(AB)がいっしょに出発します。

2

第1地点で、待っていた5歳児と保護者(B)がフープを持ち、保護者(A)は、2人の子どもを1人ずつ抱えてフープの中に降ろします。2人とも降ろしたら、フープを外して第2地点へ。

3

第2地点では、保護者（A）と5歳児がフープを持ち、保護者（B）が子どもを1人ずつ抱えてフープの中に降ろします。できたら、フープを外して親子2組でカラーコーンを回り、行きと同じことを繰り返してゴールです。

ポイント

- リレー形式ではなく、1回戦ずつ行いましょう。
- 子どもが自分の親だけでなく、クラスの友達の親とも触れ合える種目です。

準備する物

（1チームに必要な物）

- 装飾したフープ……2本
- カラーコーン…………1個

案／片山喜章（社会福祉法人 種の会理事長、株式会社ウエルネス代表）　イラスト／くるみれな

未就園児の種目

親子種目

親子種目 未就園児

だっこでお土産ゲット！

在園児が作ってくれたお土産をゲットして、ゴールを目ざしましょう。

1

スタートラインとゴールの中間地点に物干しざおを設置し、紙テープでお土産をつり下げます。子どもと保護者は手をつないでスタートします。

2

保護者は子どもをだっこし、子どもがお土産を取ったら、また手をつないでゴールを目ざします。

ポイント

- 一度にスタートするのは5～10組くらいにします。
- 人数が多い場合は、スタートラインにフープを並べ、次にスタートする組が入るようにすると、スムーズに進行できます。

準備する物

- お土産……………人数分（在園児が作った製作物など）
- 紙テープ……………適宜
- 物干しざおなど……1組

案／片山喜章（社会福祉法人 種の会理事長、株式会社ウエルネス代表）　イラスト／みやれいこ

親子種目

未就園児

走ってぎゅっ!

保護者が先回りして待ち、遅れてくる子どもをぎゅっ! と抱き締めてあげるレースです。

1 スタート地点から、7mくらいの間隔で椅子を3脚置きます。

2 スタートの合図で、保護者は前方の椅子まで急いで先回りし、椅子に座って両手を広げて子どもを待ちます。

3 子どもが追いついたら、保護者は子どもをぎゅっと抱き締め、また次の椅子まで先回りします。3脚目の椅子をゴールとします。

ポイント

- 子どもの様子を見て、保護者が併走してもよいことを伝えましょう。

準備する物

（1コースに必要な物）

- 椅子……………… 3脚

案／片山喜章（社会福祉法人 種の会理事長、株式会社ウエルネス代表）　イラスト／みやれいこ

親子種目

未就園児

フープの道を渡ろう!

在園児が作ってくれた道を、未就園児と保護者が手をつないで渡ります。

1

スタート地点から、お土産を持った園長先生の所まで、在園児3～4人がフープを並べて道にします。未就園児と保護者は、手をつないでフープの道を渡っていきます。

2

在園児は後ろのフープを前へ移動して道を作り、未就園児と保護者は園長先生の所まで渡っていき、園長先生からお土産をもらって終了します。

準備する物

- フープ……………………6本
- お土産………………人数分

ポイント

フープを並べる在園児と、並べた道を渡る未就園児と保護者が、自然に触れ合えるように配慮しましょう。

案／片山喜章（社会福祉法人 種の会理事長、株式会社ウエルネス代表）　イラスト／みやれいこ

親子種目

未就園児

大きいお友達と遊ぼう

未就園児が在園児の足の上をジャンプしたり、トンネルをくぐったりして、ゴールを目ざします。

1

在園児は2人1組になり、ランダムな位置で、向かい合わせで膝を伸ばして座ったり、手を上げてトンネルを作ったりします。

2

未就園児は、保護者と手をつないでスタート。在園児の足の上をジャンプしたり、トンネルをくぐったりしてゴールを目ざします。ゴールでお土産をもらって終了です。

ポイント

- 未就園児がジャンプしたり、くぐったりするときには、在園児が声をかけてあげるように促しましょう。

準備する物

- お土産 ………人数分

案／片山喜章（社会福祉法人 種の会理事長、株式会社ウエルネス代表）　イラスト／みやれいこ

親子種目

未就園児

だるまさんが転んだ、できるかな？

お土産が置いてある円を目ざして、「だるまさんが転んだ」で進みます。

1

トラックの中央に適当な大きさの円を描き、お土産を置きます。子どもと保護者は、トラックの外側から手をつないでスタートします。

2

保育者の「だるまさんが転んだ」のコールに合わせながら、子どもと保護者は円に向かって進みます。

3

円まで来たら、お土産をもらって終了します。

ポイント

- 「だるまさんが転んだ」は同じテンポでコールするようにします。
- 厳密にならなくてもよいので、子どもが止まっていられない場合は、保護者にだっこしてもらいましょう。

準備する物

- お土産 ………人数分

案／片山喜章（社会福祉法人 種の会理事長、株式会社ウエルネス代表）　イラスト／みやれいこ

親子種目 未就園児

がんばれ☆親子星

親子でおそろいのキラキラした星の冠をかぶったら、次は星の袋をゲット！ アナウンスを有効に使うと、ますます盛り上がります。

ポイント

- 保護者もいっしょに競技に参加すると、未就園児も安心して楽しむことができます。
- 競技中の親子の様子を実況中継すると、観客もいっしょに競技を楽しめます。

1
親子いっしょにスタートします。コース途中のA地点で星の冠を取って、親子でかぶります。その後、保護者は子どもをおんぶします。

2
おんぶされている子どもは、B地点でお土産の入った星の袋を1つ取り、親子でゴールイン！

スタート

A地点

B地点

ゴール

星の袋は、ひもを付けた洗濯ばさみで留めておくと、子どもが取りやすくなります。

星の冠や星の袋は在園児が手作りして準備します。競技のときに、そのことをアナウンスすると盛り上がるでしょう。

作り方

<星の袋>
- お土産のキャンディー
- 星のシール
- ビニール袋

リボン
キラキラした紙

<星の冠>
- 輪ゴム
- 画用紙

※保護者用、子ども用と各サイズを用意します。

準備する物
（1回のゲームに必要な物）

- 星の冠……親子の人数分
- 星の袋（お土産入り）、洗濯ばさみ、ひも……子どもの人数分
- テーブル……1台
- 物干しざおなど

案／浅野ななみ（乳幼児教育研究所）　イラスト／みやれいこ

● 案・監修（50音順に掲載）

浅野ななみ（乳幼児教育研究所）、片山喜章（社会福祉法人 種の会理事長、株式会社ウエルネス代表）、深沢和宏（きのいい羊達グループ　静岡キッズキングダム）、福田りゅうぞう（カエルちゃん OFFICE）、松森照幸（日本児童教育専門学校、エディーキッズ代表）、丸山政敏（足利短期大学）、山本美聖（関西あそび工房）、渡辺リカ（アトリエ自遊楽校）

● イラスト（50音順に掲載）

浅羽壮一郎、いとう·なつこ、加藤直美、北村友紀、くるみれな、タカタカヲリ、にしだちあき、福々ちえ、町田里美、みやれいこ、ユカリンゴ

表紙イラスト ● たちのけいこ
表紙デザイン ● 檜山由美
本文デザイン ● 島村千代子、有限会社エルグ
本文校正 ● 有限会社くすのき舎
編集協力 ● 株式会社スリーシーズン
編集担当 ● 石山哲郎、西岡育子、飯島玉江

ポットブックス
ハッピー運動会　楽しさいっぱい 種目集

2011年7月　初版第1刷発行
2016年2月　　　第5刷発行

編　者／ポット編集部　
発行人／浅香俊二
発行所／株式会社チャイルド本社
〒112-8512　東京都文京区小石川5-24-21
☎ 03-3813-2141（営業）　☎ 03-3813-9445（編集）
振替／ 00100-4-38410

印刷所／共同印刷株式会社
製本所／一色製本株式会社
ISBN ／ 978-4-8054-0185-9　C 2037
NDC 376 96P 26×21㎝ Printed in Japan